2002 한·일 월드컵 스폰서십 활동과 브랜드 충성도

2002 한·일 월드컵 스폰서십 활동과 브랜드 충성도

고 동 우 著

 한국학술정보(주)

책 머리에

우리가 살고 있는 지구촌 어디에서나 스포츠 이벤트가 열리지 않는 곳을 찾아보기 힘들 정도로 스포츠는 인간 삶의 일부가 되었다. 최근에는 올림픽이나 월드컵과 같은 국제 스포츠 이벤트의 유치경쟁이 더욱 치열해져만 간다. 대회를 유치했을 때 자국에 돌아오는 이익이 크기 때문이다. 2002 한·일 월드컵은 우리나라는 물론 지구촌 전체가 그 열기로 뜨겁게 달아오르며, 대한민국 대표팀은 4강 신화를 이룩하게 되었다. 개막초반부터 기존의 축구강국들의 예선탈락과 월드컵 역사상 최초로 시도된 2개국 공동개최의 성공여부로 세계의 눈과 귀가 한·일 양국을 주목하였다. 성공적인 스포츠 이벤트를 달성하기 위해 나타난 것이 스포츠마케팅이라 할 수 있다. 이는 스포츠가 일반 비즈니스에서 찾아볼 수 없는 고유한 특징들을 이용하여 유치국이 국제적으로 국가이미지 상승과 동시에 참여기업들의 무한한 발전가능성을 세계시장에서 인정받고 성장할 수 있는 계기가 되기 때문이다. 기업들이 스포츠 이벤트를 활용하는데 무엇보다도 중요하게 작용하는 것은 스포츠 이벤트가 TV를 비롯한 대중매체와 매우 밀접한 관계를 형성하고 있다는 점이다.

이 연구는 2002 한·일 월드컵 공식파트너인 현대자동차와 코카콜라의 스폰서십 활동, 지각된 품질, 브랜드 인지도, 브랜드 이미지 그리고 브랜드 충성도의 관계를 규명하는 것이다. 즉, 2002 한·일 월드컵의 세계적 공식스폰서 중에서 고관여 제품인 현대자동차와 저관여 제품인 코카콜라의 인과모형과 월드컵 개최 전과 개최 후의 인과모형을 비교하는 것이 이 연구의 목적이다. 이러한 목적을 달성하기 위한 연구의 대상은 네티즌이다. 이를 위해 페이지 조회수가 높은 상위 30위의 인터넷 홈페이지에서 얻은 전자우편 주소 중에서 만 19세 이상의 네티즌을 활용하여 월드컵 개최 전 5월 30일 1차 조사 응답자 2,112명과 월드컵 개최 후인 7월 1일 2차 조사 응답자 2,404명을 활용하였다.

이 논문이 결실을 맺기까지 학자의 길을 몸소 보여주신 김용만 지도교수님께 머리 숙여 깊은 감사를 드립니다. 항상 가까이에서 물심양면으로 도움을 주신 이준원 선생님, 서희정 선생님, 강용주 선생님, 이계석 선생님과 SMCOM 모든 선생님들의 아낌없는 관심과 성원에 고마운 마음을 영원히 간직하고 싶습니다. 그리고 이 논문에 관심을 가지고 출판을 도와주신 한국학술정보(주)의 모든 관계자분들께 고마움을 전합니다.

이제 부끄럽게 느껴지는 이 조그마한 결실이 새로운 시작을 의미한다고 생각하면서, 더 나은 학문의 결실을 위해 새로운 마음가짐으로 노력하겠습니다. 거듭 그동안의 격려와 관심을 주신 모든 분들에게 다시 한번 감사드립니다.

목 차

Ⅰ. 서 론 ·· 13

  1. 연구의 필요성 ·· 13

  2. 연구의 목적 ·· 19

  3. 이론적 관계 모형 및 연구가설 ·· 19

    1) 스폰서십 활동과 지각된 품질의 관계 ······························ 21

    2) 스폰서십 활동과 브랜드 인지도의 관계 ·························· 21

    3) 스폰서십 활동과 브랜드 이미지의 관계 ·························· 22

    4) 지각된 품질과 브랜드 충성도와의 관계 ·························· 23

    5) 브랜드 인지도와 브랜드 충성도의 관계 ·························· 23

    6) 브랜드 이미지와 브랜드 충성도의 관계 ·························· 24

  4. 용어의 정의 ·· 25

    1) 브랜드 충성도 ··· 25

    2) 지각된 품질 ··· 25

    3) 브랜드 이미지 ··· 25

    4) 브랜드 인지도 ··· 26

    5) 스폰서십 활동 ··· 26

Ⅱ. 이론적 배경 ·· 27

  1. 스포츠 스폰서십 ·· 27

    1) 스포츠 스폰서십의 개념과 역사 ·· 27

    2) 스포츠 스폰서십의 목적 및 유형 ······································ 30

    3) 스포츠 스폰서십의 기여도 ·· 33

    4) 스포츠 스폰서십 관련 연구 ·· 35

2. 지각된 품질 ··· 38
   1) 지각된 품질의 개념 ··· 38
   2) 지각된 품질 관련 연구 ····································· 41
3. 브랜드 인지도 ··· 43
   1) 브랜드 인지도의 개념 ····································· 43
   2) 브랜드 인지도의 역할 ····································· 45
   3) 브랜드 인지도 관련 연구 ······························ 46
4. 브랜드 이미지 ··· 49
   1) 브랜드 이미지의 정의 ····································· 49
   2) 브랜드 이미지의 형성 ····································· 52
   3) 브랜드 이미지의 속성 ····································· 54
   4) 브랜드 이미지 관련 논문 ······························ 55
5. 브랜드 충성도 ··· 56
   1) 브랜드 충성도의 개념 ····································· 56
   2) 브랜드 충성도의 중요성 ································· 58
   3) 브랜드 충성도의 측정방법 ···························· 61
   4) 브랜드 충성도 관련 연구 ······························ 62

Ⅲ. 연구방법 ··· 65
1. 연구대상 ··· 65
2. 표집방법 ··· 66
3. 연구설계 ··· 72
4. 조사도구 ··· 72
5. 자료처리방법 ··· 74

Ⅳ. 결 과 ·· 75

  1. 연구대상자의 특성 ···················· 75

  2. 신뢰도 분석 ····························· 76

  3. 확인요인 분석 ·························· 77

  4. 상관 분석 ······························· 86

  5. 인과 분석 결과 ······················· 90

  6. 연구가설 검증 ·························· 99

Ⅴ. 논의 및 결론 ······························ 105

  1. 논 의 ·································· 105

  2. 결 론 ·································· 115

참고문헌 ··· 123

웹 설문지 부록 ································· 143

표 목 차

<표 1> 스포츠 스폰서십 역사 ································· 30

<표 2> 페이지 조회수 높은 상위 30위 홈페이지 ············ 66

<표 3> 연구대상의 일반적 특성 ·························· 76

<표 4> 신뢰도 계수 ···································· 77

<표 5> 적합도 판단지수 ································· 78

<표 6> 1차 조사 코카콜라의 확인요인 분석 결과 ·········· 80

<표 7> 1차 조사 현대자동차의 확인요인 분석 결과 ········ 82

<표 8> 2차 조사 코카콜라의 확인요인 분석 결과 ·········· 84

<표 9> 2차 조사 현대자동차의 확인요인 분석 결과 ········ 86

<표 10> 코카콜라의 상관 분석 1차 조사 ················· 87

<표 11> 현대자동차의 상관 분석 1차 조사 ··············· 88

<표 12> 코카콜라의 상관 분석 2차 조사 ················· 89

<표 13> 현대자동차의 상관 분석 2차 조사 ··············· 89

<표 14> 기초모형의 적합도 ····························· 90

<표 15> 수정모형의 적합도 ····························· 92

<표 16> 1차 조사 코카콜라와 현대자동차의 적합도 비교 ······· 97

<표 17> 2차 조사 코카콜라와 현대자동차의 적합도 비교 ······· 97

<표 18> 코카콜라의 1차 조사와 2차 조사 적합도 비교 ········ 98

<표 19> 현대자동차의 1차 조사와 2차 조사 적합도 비교 ······· 99

<표 20> 코카콜라 1차, 2차 조사 가설검증 결과 ············ 100

<표 21> 현대자동차 1차, 2차 조사 가설검증 결과 ·········· 102

그림목차

<그림 1> 연구변수의 관계 ·· 20

<그림 2> 인터넷 설문조사 과정 ··· 68

<그림 3> 웹 설문지 ·· 69

<그림 4> 전자우편 탐색 프로그램 ·· 71

<그림 5> 웹 설문 초청 프로모션 프로그램 ··························· 71

<그림 6> 기초모형 ·· 91

<그림 7> 코카콜라의 1차 조사 수정모형 ······························ 93

<그림 8> 코카콜라의 2차 조사 수정모형 ······························ 94

<그림 9> 현대자동차의 1차 조사 수정모형 ···························· 95

<그림 10> 현대자동차의 2차 조사 수정모형 ························· 96

I. 서 론

1. 연구의 필요성

월드컵과 같은 전세계인의 이목을 집중시키는 스포츠 이벤트 프로그램은 엄청난 스폰서십 참여 비용을 요구하나 참여 기업에 투자 이상의 촉진 효과를 제공하고 있기 때문에 다국적 기업들의 표적이 되고 있다(김용만, 1998). 국제축구연맹(FIFA)이 전세계 회원국을 대상으로 한 조사 결과에 의하면 정기적이고 활동적으로 축구에 참가하고 있는 인구가 2억 4,000만 명으로 축구가 최고 인기 스포츠라고 지적하고 있다(일간스포츠, 2001). 월드컵축구는 이벤트 가치 면에 있어서 종합스포츠 이벤트인 올림픽에 버금가고 가치 있는 기업 커뮤니케이션의 대상으로 높이 평가 받고 있다. 즉, 올림픽은 한 도시를 중심으로 170여 개국 정도가 참여해 보름동안 열리는 종합대회인 반면, 월드컵축구는 단일 종목이면서도 200여 국가들이 치열한 예선전을 거쳐 엄선된 32개국이 한 달간 개최국 전지역의 10여개 도시에서 개최된다. 그래서 월드컵축구는 개최국의 사회 모든 분야에 미치는 영향뿐만 아니라 개최국의 전지역을 세계 속에 드러내어 이미지를 형성하고 있다(이종영, 1997). 예를 들어, 1998프랑스월드컵의 시청자수는 연 370억 명에 이른다(설민신, 1999; 황찬규, 1999)는 사실을 통해서도 그 가치를 알 수 있다. 이러한 월드컵의 가치 때문에 다국적 기업들은 브랜드 자산 구축을 위해 월드컵축구를 활용한 스폰서십 프로그램에 참여하고 있다. 그러나 브랜드 자산은 기본적으로 무형이므로 그 가치를 측정하기가 어렵다(하대용, 1998).

스포츠 스폰서십은 기업의 마케팅 커뮤니케이션 믹스의 하나로 최근 몇 년간에 걸쳐 빠르게 발전(Meenaghan, 1984; Sandler & Shani, 1989; Mullin, 1993)하면서, 이에 대한 연구도 활발히 진행되고 있다. 스포츠 단체는 스포츠 마케팅 즉, 스폰서십, 광고권 및 방송중계권 등을 기업에게 판매하여 재정적인 도움을 받을 수 있고 기업은 새로운 형태의 광고매체를 얻을 수 있기 때문에 양쪽 모두에게 이익이 될 수 있는 윈윈(Win-Win)전략을 취하고 있다(김주용, 1998). 전세계적으로 스포츠 조직과 기업들은 미래의 목적 달성을 위하여 서로를 지원하는 파트너십의 국면에 돌입하였다. 이러한 형태가 스폰서십이다.

스포츠 조직에게 있어서 스포츠 스폰서십 프로그램은 재원 확보를 위한 중요한 수단이다(Decker, 1991). 기업 입장에서 스포츠 스폰서십은 마케팅 믹스로써 촉진을 위한 훌륭한 도구일 뿐만 아니라 기업 마케팅 커뮤니케이션의 도구이다(Amis, Pant, & Slack, 1997; Berrett & Slack, 1999; Crompton, 1993; Danylchuk, 2000). 그래서 세계시장을 목표로 하는 많은 기업들은 스포츠 스폰서십을 사업 지향적 마케팅 도구로 활용하고 있으며(Booker, 1998), 여러 국가의 많은 기업들은 스포츠 스폰서십에 엄청난 비용을 들이고 있다(Arthur, Scott, & Woods, 1997; Copeland, Frisby, & McCarville, 1996; Irwin & Sutton, 1994; McCarville, Flood, & Froats, 1998; Meenaghan, 1991; Scott & Suchard, 1992; Sleight, 1989; Stotlar, 1993). 특히 1980년대와 1990년대에 걸친 십수 년간 기업의 스폰서십에 대한 지출은 괄목할만한 증가를 보여, 1999년에는 전세계적으로 192억 달러에 달했다(Stotlar, 1999). 스포츠 조직에 있어서 스폰서십은 스포츠 이벤트나 프로그램을 운영하기 위해 스폰서로부터 자금을 지원받는 노력이며 기업에 있어서는 그들의 상품을 소비자에게 기억시킬 수 있는 기회이다(조연철, 이정섭, 이재우, 이달원, & 이동원, 2001).

　새로운 상표를 시장에 도입하기 위하여 제품에 대한 잠재고객의 인지도를 넓히고 사용을 촉진하려는 경우, 기존의 제품을 개선하여 시장에 다시 도입시키려는 경우, 촉진되고 있는 상표의 제품계층이 우호적인 수요추세를 보이고 있는 경우, 유통망을 확대시키기 위하여 판매업자의 판매활동을 도와주려는 경우, 이미 광고되고 있는 제품에 있어서 광고효과를 증대시키려는 경우 등은 스포츠 스폰서십을 통해 목적에 맞는 커뮤니케이션과 자극을 기할 수 있는 것이다(유동근, 1991). 김용만, 박세혁과 전호문(2000)은 스포츠 스폰서십은 스포츠 주관자와 기업 모두에게 목표 달성을 위한 가장 효과적인 수단으로 인식되고 있다고 지적하고 있다. 스포츠 주관자는 성공적인 이벤트의 개최와 조직의 확대라는 측면에서 필요하며, 기업은 촉진/커뮤니케이션 효과라는 측면에서 스포츠 스폰서십을 필요로 한다. 스폰서십이야 말로 사람들의 라이프 스타일과 둘러 싸여진 환경 속에서 제품들을 노출시키는 유일한 마케팅 요소라고 할 수 있다(최희권, 1999). 오늘날 기업들이 앞 다투어 스포츠를 매개체로 소비자들과 커뮤니케이션을 시도하려는 이유는 현재의 마케팅 상황에서 스포츠가 가장 혼란이 적은 미디어로서의 역할로 소비자에게 기업의 의도를 전달하는 최적의 매체라고 판단하기 때문이다(최희권, 1999). 김용만(1997)은 스폰서십 활동이 기업의 촉진 및 이미지 제고, 소비자에 대한 신뢰 확보 그리고 성공적인 스포츠 이벤트에 기여한다는 보고를 하고 있다. 이밖에 최근 스포츠 마케팅에 대한 중요성이 부각되면서 스폰서십과 관련된 연구들(김혜영, 1999; 도희수, 2000; 박평식, 2000; 배선근, 2001; 한상훈, 2001; 홍석진, 2001)이 보고되는 가운데 학술적인 연구뿐만 아니라 스포츠 마케팅 현장에서 높은 관심을 가지고 있어 앞으로 많은 연구가 수행될 것으로 전망된다. 특히 정책적 입안을 위해 체육과학연구원(1999)에서는 지역사회체육 활성화를 위한 기업과 지역사회의 스폰서십 활성화 방안과 관련한 국가정책연구를 수행한 바 있다.

기업은 스포츠 스폰서십에 참여함으로써 브랜드 인지도, 브랜드 이미지, 제품에 대한 태도 그리고 구매로 이어지기를 기대하고 있고 (McDaniel, 1997), 스포츠 스폰서십은 기업들의 유용한 촉진 수단으로 활용되어 왔다. 최신철(1998)은 유명 스포츠 이벤트는 그 자체의 호감도 및 신뢰도를 스폰서의 브랜드에 연결시켜 브랜드 이미지를 제고시킨다고 하였다. 특히 월드컵축구는 전세계인이 지대한 관심을 보이고 있는 가장 권위 있는 이벤트 중의 하나이기 때문에 기업에게 있어서 커뮤니케이션 효과를 높일 수 있는 가치 있는 이벤트임에 틀림없다. 월드컵축구와 같은 권위 있는 스포츠 이벤트 스폰서십에 참여하는 기업은 참여 효과를 높이기 위해 일반적으로 광고, 홍보 그리고 판매촉진과 같은 각종 촉진활동을 한다. 이러한 활동을 통해서 기대할 수 있는 효과는 기업/브랜드 인지도 제고(Javalgi, Traylor, Gross, & Lampman, 1994; McCarville, el al., 1998; Pope & Voges, 1994), 기업/브랜드 이미지 제고(Garder & Shuman, 1987; Ludwig & Karabetsos, 1999; Stipp & Schiavone, 1996)가 대표적이다. 또한 브랜드 선호도나 브랜드 충성도에도 영향을 미칠 것으로 기대된다.

지각된 품질은 브랜드 충성도에 영향을 미치는 요인으로 제품이나 서비스가 원래 의도하는 바에 따라 고객의 마음속에 형성된 제품 및 서비스의 전체적인 뛰어남이나 탁월함에 대한 소비자의 판단으로 정의된다(Aaker, 1991; Zeithaml, 1988). 지각된 품질은 객관적 혹은 실질적 품질과는 구별되는 주관적인 개념이며, 소비자의 인지구조 내에서 특정 속성보다는 높은 상품수준의 추상적인 개념이고, 한편으로는 태도와 유사한 제품에 대한 전반적인 평가이며, 한 소비자의 환기상표군 내에서 행해지는 제품에 대한 전반적인 판단을 말한다(Zeithaml, 1988). 그러나 소비자는 항상 제품이나 서비스의 속성들에 대한 완전한 정보를 소유하고 있지 않다. 대부분의 경우 소비자는 대안상표들 간에 간접적으로 속성을 비교하고 있다. 이러한 상황하에서 품질을 나타낼 수 있는 여러 가지 단서들은 품질에 대한 연상을 이끌어 내는 데 있어서 중요한 역할을 하게 되며, 이미지, 광고 그리고 상표 등에 영향력은 실질적 품질보다는 지각된 품질이 중요하다(Cox & Dena, 1990).

스폰서십 연구에서 브랜드 인지도와 관련된 연구는 비교적 많이 발견(Gardner & Shuman, 1987; Quester & Farrelly, 1998; Shanklin & Kuzma, 1992)되고 있는데, 대부분의 연구에서 스포츠 스폰서십이 기업 혹은 브랜드 인지도 향상에 기여한다고 지적하고 있다. 그리고 기업 이미지와 관련된 연구는 크게 두 가지 측면에서 접근하고 있다. 하나는 스포츠 팀 운영이 모기업의 기업 이미지에 어떤 영향을 미치는지를 규명하는 것들(박은경, 1999; 엄정호, 1999; 최신철, 1998)이고, 다른 하나는 기업이 팀/선수 혹은 이벤트와 같은 스포츠 자산을 활용함으로써 변화되는 기업/브랜드 이미지에 관한 연구들(김용만, 2001; 김진영, 1997; 천명환, 1998; Grimes & Meenaghan, 1998; Javalgi et al., 1994; Stipp, 1998)이다. 이 중에서 Javalgi et al.(1994)은 인지도와 이미지를 동시에 고려한 연구를 하였다.

소비자들은 그들의 다양한 필요와 욕구를 충족시키기 위하여 재화나 용역을 구매한다. 그러나 소비자들이 구매하는 수많은 제품을 볼 때, 그들이 충족하고자 하는 동기를 구분하기란 매우 어렵다. 이는 동일한 제품을 구매하는 여러 소비자들 간에는 각기 상이한 요구가 존재하기 때문이다(태원규, 2000). 소비자들의 구매행동은 이와 같이 어떤 제품에 대한 욕구를 느낌으로써 시작된다. 구매의사 결정과정은 그 처음과 끝을 명확하게 구분할 수 있는 것은 아니다. 다만 소비자가 어떤 제품에 대한 필요를 느껴 선택·구매하게 되는 과정을 문제의 인식, 정보의 탐색, 대안의 평가, 구매결정 그리고 구매 후 행동의 다섯 단계로 구분할 수 있다. 브랜드 이미지는 이

와 같은 구매의사 결정과정의 다섯 단계 중 세 번째 단계인 대안의
평가단계에 영향을 미친다(Kotler, 1996).

김미겸(2001)은 브랜드가 가지고 있는 이미지는 소비자가 특정
기업의 브랜드에 대해 품고 있는 좋고 나쁜 느낌 혹은 브랜드에 대
한 신념과 같이 상품 자체에 대한 좋고 나쁜 감정이 상품과 관련된
여러 정보의 간접적 요소와 결합되어 형성된 소비자의 심리적 구조
체계로 되어짐을 알 수 있었다.

브랜드충성은 소비자와 기업뿐 아니라 학문적인 측면에서 다음과
같은 중요성을 갖는다. 소비자 측면에서 볼 때, 소비자는 특정브랜
드를 계속 구매함으로써 의사결정에 소요되는 시간과 노력을 줄이
고 구매 시 실수를 감소시킬 수 있으며, 자아개념을 향상시키는 쪽
으로 상표를 소비함으로써 소비자 만족 및 자아개념을 향상시킬 수
있다(진병호, 1995).

마케팅 목표 중 중요한 한 가지는 소비자들의 자사제품에 대한
노출, 구매 그리고 재구매의 확률과 빈도를 증가시키는 것이다. 특
히, 저성장과 치열한 상표 간 경쟁에 직면한 마케터들에게 있어서
브랜드 충성도가 높은 고객의 유지는 기업 생존의 중요한 성공요인
이다. 한 명의 새로운 고객을 유인하는 데 드는 마케팅 비용은 기
존고객 한 명을 유지하는 것보다 6배가 더 투입된다(이학식, 안광
호, & 하영원, 2000).

상표충성 고객들의 수가 많으면 많을수록, 즉 미래 고객의 기반
이 안정적일수록 그 상표의 시장점유율은 안정적이고 경쟁상표의
공격에도 덜 취약하기 때문에 기업에서 마케팅 활동의 초점은 흔히
고객들의 상표충성도를 구축·유지·증대 시키는 데 두고 있다. 기
업이 고객의 충성도를 구축·유지할 수 없다면, 소비자의 반복구매
가 확실치 않기 때문에 기업의 장기적 전망은 불확실하게 된다(김
성권, 1996).

따라서 이 연구에서는 2002 한·일 월드컵파트너의 스폰서십 활동, 지각된 품질, 브랜드 인지도, 브랜드 이미지 그리고 브랜드 충성도의 인과관계를 규명함으로써 마케팅 전략 및 광고 전략 관점에서 활용할 수 있는 유용한 기초 자료를 제공하는 데 의미를 두고 있다.

2. 연구의 목적

이 연구의 목적은 2002 한·일 월드컵 공식파트너의 스폰서십 활동, 지각된 품질, 브랜드 인지도, 브랜드 이미지 그리고 브랜드 충성도의 인과관계를 규명하는 데 있다. 구체적인 목적을 보면 다음과 같다.

첫째, 스폰서십 활동, 지각된 품질, 브랜드 인지도, 브랜드 이미지 그리고 브랜드 충성도의 인과모형을 규명한다.
둘째, 고관여 제품과 저관여 제품의 인과모형을 비교한다.
셋째, 월드컵 개최 전과 월드컵 개최 후의 인과모형을 비교한다.

3. 이론적 관계 모형 및 연구가설

연구의 목적을 달성하기 위해 선행연구와 여러 가지 이론을 토대로 선정한 변수들 간의 관계를 보면 <그림 1>과 같다.

20

<그림 1> 연구변수의 관계

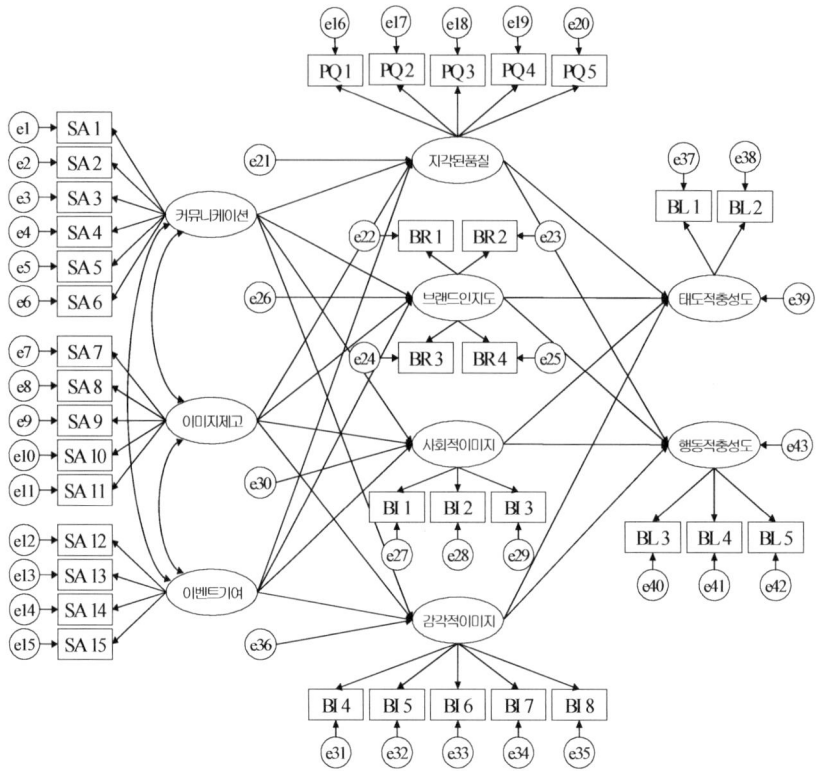

SA: Sponsorship Activity, PQ: Perceived Quality, BR: Brand Recognition,
BI: Brand Image, BL: Brand Loyalty

이 연구에서 설정한 변수들 간의 관계는 다음과 같은 선행연구에
근거하여 설정하였다. 구체적인 내용을 보면 다음과 같다.

1) 스폰서십 활동과 지각된 품질의 관계

김성배(1999)의 연구에서 내재단서가 지각된 품질에 영향을 미친다고 하였으나, 김주영(1998)은 인지된 광고비용과 점포분위기가 제품의 지각된 품질에 영향을 미치지 않는다고 하였다. 송용섭(1997)은 스폰서십 광고가 제품태도에 유의한 영향을 미친다고 하였고, Brooks(1998)는 인기 있는 운동선수가 보증하고 있는 제품의 소구력과 인지도, 제품의 신뢰도에 관한 연구를 통해 소비자들은 제품을 구매할 때, 자신들이 좋아하는 유명선수들의 이미지를 함께 구매하는 것으로 나타났다. 즉, 유명선수의 인지도 및 이미지가 제품의 브랜드 자산을 형성하며 따라서 인지도가 낮은 선수가 보증하는 제품의 소구력이 낮음을 지적하였다.

가설 1. 커뮤니케이션 활동은 지각된 품질에 영향을 미칠 것이다.
가설 2. 이미지 제고 활동은 지각된 품질에 영향을 미칠 것이다.
가설 3. 이벤트 기여 활동은 지각된 품질에 영향을 미칠 것이다.

2) 스폰서십 활동과 브랜드 인지도의 관계

Stotler, Veltri와 Viswantan(1998)은 선수에 대한 관심과 선수가 보증하고 있는 제품에 대한 인지도를 표적시장 별로 조사한 결과, 인지도가 높은 운동선수가 보증하고 있는 제품의 인지도가 높게 나타났으며, 대중매체에서 많이 다루고 있는 경기에 높은 인지도를 보였다고 지적하였다.

김용만(1998)은 스포츠 이벤트 스폰서십 효과와 관련된 연구에서 월드컵 대표팀에 대한 스폰서십이 스폰서의 인지도 및 선호도에 긍정적인 영향을 미친다고 하였다. 이것은 인구 통계적인 특성에 따

라 차이를 보이고 있으며, 시청시기와 관여도에 따라서도 상표 선
호도는 유의한 차이가 있는 것으로 나타났다.

가설 4. 커뮤니케이션 활동은 브랜드 인지도에 영향을 미칠 것이다
가설 5. 이미지 제고 활동은 브랜드 인지도에 영향을 미칠 것이다.
가설 6. 이벤트 기여 활동은 브랜드 인지도에 영향을 미칠 것이다

3) 스폰서십 활동과 브랜드 이미지의 관계

Russel(1989)은 스포츠 팀의 운영이 반드시 스폰서에 긍정적인
영향을 미치지는 않는다고 하였다. 즉, 스포츠 팀의 부정적인 이미
지가 스폰서의 이미지로 전이되어 기업의 이미지는 물론 브랜드의
이미지도 함께 손상시킬 수 있음을 지적하고 있다. 백진우(2000)의
연구 중 스포츠 스폰서십은 스포츠가 지니고 있는 역동적인 이미
지, 권위 그리고 가치 등이 기업이나 브랜드에 효과적으로 연계됨
으로써 충성도를 포함한 브랜드 자산 가치를 증대시킬 수 있다고
지적한 바 있다. 박평식(1999)은 기업은 스포츠 스폰서십을 통해서
스포츠의 특정 이미지를 기업이나 브랜드에 전이시킴으로써 기업이
의도하는 메시지를 효과적으로 목표 집단에 전달할 수 있다고 하였
다. 김용만(1999)의 연구에서 스폰서십 프로그램에 참여하는 기업이
반드시 긍정적인 이미지 제고 효과를 얻는다고 단언할 수 없지만
부분적으로는 수용하는 결과를 나타내고 있다. McDaniel(1997)은
기존의 연구들에 기초하여 기업이 스포츠 스폰서십에 참여함으로써
기대하는 효과는 브랜드 이미지에 영향을 미친다고 지적하였다. 또
한 McDanald(1991)도 스포츠 스폰서십이 스폰서 이미지에 미치는
긍정적인 영향을 설명하였다.

가설 7. 커뮤니케이션 활동은 사회적 이미지에 영향을 미칠 것이다.
가설 8. 커뮤니케이션 활동은 감각적 이미지에 영향을 미칠 것이다.
가설 9. 이미지 제고 활동은 사회적 이미지에 영향을 미칠 것이다.
가설 10. 이미지 제고 활동은 감각적 이미지에 영향을 미칠 것이다.
가설 11. 이벤트 기여 활동은 사회적 이미지에 영향을 미칠 것이다.
가설 12. 이벤트 기여 활동은 감각적 이미지에 영향을 미칠 것이다.

4) 지각된 품질과 브랜드 충성도의 관계

김성배(1999)의 연구에서 지각된 품질이 높을수록 브랜드선호는 높게 나타났다. 박유식과 한명희(2001)의 연구에서는 지각된 품질이 구매 의도에 영향을 미치는 것으로 나타났고, Dodds와 Kent(1985), Monroe(1990) 그리고 Dodds와 Grewal(1991)도 지각된 품질은 구매 의도에 직접적인 영향을 미친다고 하였다. Aaker(1991)는 지각된 품질이 구매결정과 브랜드 충성도에 직접적인 영향을 미친다고 주장하였으며, 특히 구매자의 동기부여가 낮은 경우에는 지각된 품질이 구매결정에 결정적인 요인으로 작용한다고 주장하였다.

가설 13. 지각된 품질은 태도적 충성도에 영향을 미칠 것이다.
가설 14. 지각된 품질은 행동적 충성도에 영향을 미칠 것이다

5) 브랜드 인지도와 브랜드 충성도의 관계

Turco(1996)는 보드광고는 브랜드 인지도를 높이는 것은 물론 계속해서 충성스런 제품 소비를 유도할 수 있다고 지적하였다. Necunga(1990)는 브랜드 인지도는 잠재구매자가 어떤 한 제품부류의 특정 브랜드를 재인식 또는 상기할 수 있는 능력으로써, 브랜드 인지도는 소

비자에게 제품에 대한 친숙성과 신뢰성을 제공해 준다고 하였다. 브랜드 인지도가 높으면 고려 브랜드군에 포함될 확률이 높아지게 되므로 이에 따른 구매가능성도 함께 높아지게 되며, 브랜드 인지도가 높은 브랜드를 신제품에 이용하면 소비자들에게 브랜드인식을 높여 줌으로써 제품의 이미지나 정보를 신속하게 전달시킬 수 있다. 특히 관여도가 낮은 제품들의 경우에는 브랜드 인지도가 구매결정을 좌우한다고 하였다. Keller(1993)의 연구에서도 브랜드 인지도는 소비자의 구매의사 결정과정에서 중요한 역할을 한다고 주장하였다.

가설 15. 브랜드 인지도는 태도적 충성도에 영향을 미칠 것이다.
가설 16. 브랜드 인지도는 행동적 충성도에 영향을 미칠 것이다.

6) 브랜드 이미지와 브랜드 충성도의 관계

김준희(1999)는 브랜드연상은 브랜드와 연관된 기억을 말하는 것으로써, 브랜드연상은 기억 속에서 브랜드 이미지를 인출하는 단서 역할을 한다. 브랜드연상은 소비자에게 호감을 불러일으키므로 브랜드에 대한 긍정적인 감정을 유발한다. 특히 소비자가 어느 한 브랜드를 구매 혹은 사용한 경험이 많거나 커뮤니케이션에 많이 노출된 경우에는 브랜드연상이 구매결정에 강력한 영향을 미친다고 한다. 이정준(1996)도 긍정적인 브랜드태도는 구매 의도에 영향을 미치며, 반복구매에도 영향을 미친다고 하였다.

가설 17. 사회적 이미지는 태도적 충성도에 영향을 미칠 것이다.
가설 18. 사회적 이미지는 행동적 충성도에 영향을 미칠 것이다.
가설 19. 감각적 이미지는 태도적 충성도에 영향을 미칠 것이다.
가설 20. 감각적 이미지는 행동적 충성도에 영향을 미칠 것이다.

4. 용어의 정의

1) 브랜드 충성도

브랜드 충성도는 구매만족에 따른 일관된 선호적 반복구매행동을 말한다(Keller, 1993). 이 연구에서는 태도적 충성도와 행동적 충성도로 나누었다. 태도적 충성도는 좋아하고 선호하는 것을 말하고 행동적 충성도는 구매한 경험이 있고 지속적으로 구매하고 싶어 하는 것을 말한다.

2) 지각된 품질

Zeithaml(1988)는 지각된 품질을 우월성 또는 탁월성으로 광범위하게 정의하였다. 이 정의를 기초로 하여 지각된 품질을 제품의 전반적인 우월성 또는 탁월성에 대한 소비자의 판단으로 정의하였다.

3) 브랜드 이미지

브랜드 이미지는 호의적이고 강력하면서 독특한 연상 이미지를 말한다(Aaker, 1991; Keller, 1993; Zeithaml, 1988). 이 연구에서는 브랜드 이미지의 하위요인으로 사회적 이미지와 감각적 이미지로 분류하였다. 사회적 이미지는 주위사람들의 평판, 전통 그리고 고급 품질에 대한 이미지를 말하고, 감각적 이미지는 디자인, 개성, 유행, 신제품 그리고 광고 등에 대한 이미지를 말한다.

4) 브랜드 인지도

브랜드 인지도는 다양한 조건들 속에서 특정 브랜드를 다른 브랜드와 어느 정도 구별할 수 있는가의 개념을 말한다(Aaker, 1996; Keller, 1993). 이 연구에서는 심볼마크, 로고, 가격 그리고 디자인 등에 대한 인지를 말한다.

5) 스폰서십 활동

스폰서십 활동은 소비자 스스로 지각하는 스폰서십에 대한 활동으로써 월드컵 공식스폰서의 커뮤니케이션 활동, 이미지 제고 활동 그리고 이벤트 기여 활동을 말한다. 이 연구에서는 커뮤니케이션 활동은 기업의 광고활동, 기업 이미지 강화, 기업 홍보활동 그리고 기업의 브랜드 부각 등을 말하며, 이미지 제고 활동은 제품의 호감, 친근감, 신뢰 그리고 평판 등을 말한다. 그리고 이벤트 기여 활동은 월드컵대회의 질적인 향상, 관중 서비스 질 그리고 성공적인 개최를 말한다.

II. 이론적 배경

1. 스포츠 스폰서십

1) 스포츠 스폰서십의 개념과 역사

스폰서십은 금전이나 용역을 제공하는 자와 그 대가로 상업적 이익을 목적으로 권리를 부여받거나 제휴를 하게 하는 개인, 이벤트 혹은 단체와의 사업적 관계라 하였고(Sleight, 1989), 기업이 상업적 목적을 달성하기 위해 어떤 활동에 재정적 혹은 이에 상응하는 지원을 제공하는 것이라고 하였다(Meenaghan, 1984). 그리고 Shani와 Sandler(1989)는 어떤 조직이 이벤트나 스포츠활동과 직접적인 관련을 맺기 위해서 교환수단으로 재정적, 인적 그리고 물리적을 제공하는 것이라고 정의하였다.

스포츠 스폰서십의 주체는 스포츠단체와 기업이다. 이들 양 주체의 공동 소비자는 스포츠에 관심을 가지고 있는 대중이다. 즉, 스포츠는 기업과 스포츠단체가 공동으로 소비자를 공유할 수 있도록 매개역할을 하기 때문이다. 기업은 소비자에게 강한 이미지를 부각시킬 영향력 있는 커뮤니케이션 도구를 필요로 하는데, 스포츠 스폰서십이 스폰서의 입지를 강화해 주는 효과적인 방법의 하나라고 믿고 있다. 왜냐하면 잠재적 소비자인 대중들은 그들이 선호하는 스포츠를 지원하는 기업이나 제품에 친근감과 함께 동질감을 느끼기 때문이다. 그래서 스폰서는 그들이 후원하고 있는 스포츠 이벤트에 근거하여 그들 제품의 이미지를 새롭게 창조할 뿐만 아니라 스포츠

팬을 대상으로 마케팅 목표를 정할 수 있다(김용만, 2002).

스폰서십은 모든 마케팅에 있어서 가장 빠르게 성장하는 분야이다(Schlossberg, 1996). 최희권(1999)은 기업이 상업적 의도를 성취할 목적을 가지고 스포츠와 같은 특정 이벤트 행사나 선수, 팀 및 각종 단체에 금전적 지원이나 서비스 등을 제공하고 그 대가로 일정 형태의 마케팅 커뮤니케이션 활동을 할 수 있는 권리라고 정의하였다.

스포츠 스폰서십은 스포츠단체, 기업 그리고 다른 중개자 사이의 교환 관계를 나타내 주는 것으로, 이러한 관계는 모든 관계자들에게 혜택의 최대화와 위험의 최소화라는 기본 원리에 입각한다(McCarville & Copeland, 1994). 기업의 입장에서는 대형 스포츠 이벤트를 이용하여 직접적으로, 또는 간접적으로 자사의 제품이나 상표를 알리고 인식시킬 수 있는 스포츠 스폰서십 부문이 주된 관심대상이 되고 있으며(임명욱, 1998), 스포츠 스폰서십은 많은 기업들이 엄청난 돈을 들이는 범세계적인 현상이 되고 있다(Abratt & Grobler, 1989; Meenaghan, 1991; Sandler & Shani, 1993; Scott & Suchard, 1992).

학자들마다 설명하고 있는 것이 조금씩은 다르지만, 그 정의를 살펴보면 육종술(1993)은 스폰서십의 한 부분으로 흥행적인 형태뿐만 아니라 스폰서십 방법까지도 포함한다. 한편 광의의 의미에서 스폰서십은 스폰서의 상업적인 이익에 사용될 수 있는 권리와의 결부에 대한 대가로 이벤트나 개인 혹은 조직에 재정적이거나 제품이나 기술적인 지식과 같은 물품 지원을 제공하는 것을 포함하고 있다고 정의하였으며, 대한올림픽위원회(1993)에서 스폰서는 영리를 주목적으로 하는 것이기 때문에 기부와는 명백히 다르며, 후원자는 단순히 은혜를 베푸는 사람이라기보다는 오히려 고객이나 사업 파트너로서 간주되어야 한다고 구분하였다. 김치조(1997)는 기업이 스포츠선수, 스포츠팀 그리고 스포츠 이벤트를 이용해서 기업이나 상품 서비스의 지명도나 구매력의 증대 그리고 이미지 상승을 겨냥해서 행하는 협찬 활동이라고 정의하였다.

스포츠 스폰서십의 기원은 많은 학자들의 견해가 서로 다르기 때문에 추정하기가 어렵다. Stotlar(1993)는 스포츠 스폰서십의 흔적은 로마시대에서 찾아볼 수 있다고 하였다. 스포츠 스폰서십의 역사는 올림픽의 역사이며, 올림픽의 역사는 방송기술 발달의 역사와 같이 한다 해도 과언은 아니다. 지금까지 올림픽 경기는 역사적으로 볼 때, 대중매체의 발달과 함께 발전하여 상호 불가분의 관계를 유지해 오고 있다. 올림픽의 성공적 발전이 곧 스포츠 스폰서십의 발전을 의미하기도 하는데, 그 이면에는 매체기술의 발달, 특히 TV 기술의 발달이 기여한 바 크다. 1920년 중반에 라디오에서 스포츠를 방송하였고, 1936년 베를린 올림픽 때 TV의 실험 중계방송을 하였다(송해룡, 1993).

<표 1> 스포츠 스폰서십 역사

연 도	행 사 명	내 용
1928년	암스테르담올림픽	미국 선수들에게 코카콜라 제공
1940년대	국가적 행사	라디오를 통한 광고 형식
1950년대	스포츠 행사	담배회사 광고 시작, TV중계 시작
1960년대	스포츠 행사	TV중계 활성화(미국, 유럽)
1976년	몬트리올 올림픽	기업 마케팅 효시(총이익금 $2,320만)
1980년	모스크바올림픽	325개 기업 참여(총이익금 $1,100만)
1984년	LA올림픽	164개 기업 참여(총이익금 $1억 2,319만) 민자유치
1988년	서울올림픽	142개 기업 참여(총이익금 $1억 7,375만) TOP I 프로그램 시작
1992년	바르셀로나올림픽	TV 중계권료 등 약 $11억 TOPII 프로그램
1996년	애틀랜타올림픽	TOPIII 프로그램

출처: 김용만 외(2000). 스포츠마케팅. 서울: 학현사.

2) 스포츠 스폰서십의 목적 및 유형

스폰서십은 자선이나 찬조 등과는 달리 분명한 상업적 목적을 가지고 있다. 오늘날 제품의 질적 차이가 없어지고 제품의 수명주기가 짧아지면서 기업들은 전통적인 마케팅 커뮤니케이션과는 다른 효과적인 촉진 도구를 찾게 되었다. 스폰서십이 전통적인 도구와 다른 것은 이것이 인위적으로 창조된 조건이 아닌, 소비자 스스로가 좋아하는 이벤트와 결부됨으로써 쉽게 선호적 이미지를 창출할 수 있다는 것이다(정원, 1999). 그리고 많은 마케터가 스포츠 스폰서십을 선호하는 이유는 전형적인 판매 장소를 통하여 소비자를 설득하려고 노력하는 것보다 마케팅이 소비자가 좋아하는 대상에 제품을 결부시키는 우회적 판매 방식을 택하고 있기 때문인 것이다(Pasouier, 1987).

스폰서십은 재정적 지원 형태에 따라 4가지 형태로 분류하는데, 독점 스폰서(Exclusive sponsor), 주관 스폰서(Primary sponsor), 보조 스폰서(Subsidiary sponsor), 공식 공급업체(Official supplier)로 구분된 형태로 나눌 수 있다(Brooks, 1994). 그러나 이 연구에서는 스포츠 스폰서십의 유형을 참여에 따라 분류하였다. 어떤 형태의 재화를 제공하느냐에 따라 크게 공식스폰서, 공식공급업체 그리고 공식상품화권자의 3가지로 분류할 수 있으며, 주어지는 권리와 혜택에 따라 타이틀 스폰서와 일반 스폰서로 분류하였다(김용만 등, 2000; 김용만, 2002).

(1) 공식스폰서

공식스폰서(Official sponsor)는 현금을 지불하는 대가로 등록된 마크를 광고와 판매촉진 활동에 이용할 수 있는 권리를 부여받는 기업을 말한다. 예를 들면, 스폰서가 스폰서십 비용으로 대회조직위원회에 일정액의 현금을 지불하기로 계약하는 경우이다. 이러한 경우는 주로 대회 운영에 필요한 용품이나 물품을 제공할 수 없는 스폰서와 대회조직위원회가 취하는 계약 형태이다. 실제적으로 Anheuser Busch는 1998 프랑스월드컵축구 때 현금을 지불하고 공식스폰서로 참여한 바 있다. 일반적으로 스폰서십 비용을 밝히지 않는 것이 관례이나 세계적 스폰서인 경우 1996애틀랜타올림픽의 공식스폰서 비용은 4,000만 달러, 2000시드니올림픽은 4,500만 달러 그리고 2002한일월드컵은 5,400만 스위스프랑(한화 약 417억 원)을 지불한 것으로 알려지고 있다.

(2) 공식공급업체

공식공급업체(Official Supplier)는 스포츠단체에 물자나 용역 등을 지원하고 법적 보호를 받기 위해 등록한 로고나 명칭을 광고와 촉진 활동에 이용할 수 있는 권리를 부여받는 기업이다. 기술을 지원하는 경우 기술제휴사라고도 한다. 1992바르셀로나올림픽에서 SEAT는 자동차와 자원봉사 교육 프로그램에 공식공급업체로 참여하였고, BANESTO는 은행업 서비스 분야에 참여하였고, XEROX는 문서처리 분야에 참여하였으며 그리고 PHILIPS는 전자공학 분야에 공식공급업체로 참여하였다. 그리고 IBM은 440억 원에 해당하는 정보시스템 개발에 협력하였고, 1996애틀랜타올림픽에는 공식공급업체로 참여하여 158킬로미터 높이 분량의 서류를 소화해 냈다.

(3) 공식상품화권자

공식상품화권자(Official licensee)는 스포츠단체에 일정액의 금액을 지불하고 특정 품목 또는 제품에 로고와 마스코트를 사용하여 제조, 생산 그리고 판매를 할 수 있는 영업 권리를 부여받는 기업을 말한다.

(4) 타이틀스폰서

타이틀 스폰서는 각 종목별 대회 명칭에 기업명이나 브랜드 명을 넣는 권리를 획득하는 대가로 비용을 지불하는 스폰서이다. 즉, 스포츠 이벤트의 타이틀에 기업명을 붙여서 쓰기 때문에 각종 매체에서 대회를 알릴 때마다 선택의 여지없이 기업 이름을 노출시켜야 하므로 매체노출 효과가 일반 스폰서보다 훨씬 크다. 타이틀 스폰서는 다른 일반 스폰서와는 효과와 혜택 면에서 큰 차이가 있기 때문에 일반 스폰서보다 많은 비용을 지불한다.

(5) 일반스폰서

타이틀 스폰서와 비교되는 일반스폰서는 대회 명칭을 사용하지 못하지만 스폰서로서의 권리를 보장받는다. 그러나 타이틀 스폰서에 비해 권리와 혜택 면에서 큰 차이를 보여 타이틀 스폰서에 비해 높은 커뮤니케이션 효과를 기대하기는 어렵다. 스포츠단체에 제공하는 비용 면에서 보면, 타이틀 스폰서는 높은 커뮤니케이션 효과를 얻기 때문에 많은 비용을 지불하지만 일반스폰서는 상대적으로 낮은 커뮤니케이션 효과를 얻기 때문에 타이틀 스폰서보다는 적은 비용을 지불한다.

3) 스포츠 스폰서십의 기여도

스포츠 스폰서십은 여러 주체들이 설정한 목표를 달성하는 데 도움을 주는 수단으로 작용한다. 각 주체가 스폰서십을 어떻게 활용하느냐에 따라 목표달성 정도에 차이를 보이지만 합리적인 기준과 효과적인 실행방법을 활용할 때, 큰 효과를 볼 수 있는 가치를 지니고 있다. 스포츠 스폰서십은 다음의 5주체에게 각각의 목적에 따라 각기 다른 면에서 기여한다(김용만, 2002).

(1) 스포츠단체

스포츠 스폰서십을 통해서 스포츠단체는 재정 자립의 기회를 획득할 수 있다. 스포츠단체 입장에서 볼 때, 스포츠 스폰서십은 재정적 자립을 통해 스포츠대회 또는 단체의 장기적 발전에 기어코자 기업을 스폰서로 참여시킨다. 스포츠단체가 확보한 재정으로 수행하는 분야는 선수들의 경기력 향상, 스포츠 이벤트 운영비, 선수와 관중의 안전문제, 금지약물 검사를 위한 도핑테스트, 스포츠인구의 저변 확대 그리고 스포츠단체의 운영비등과 같다.

(2) 스폰서

스포츠 스폰서십은 스폰서에게 커뮤니케이션 효과를 제공한다. 스폰서는 커뮤니케이션 목적을 달성하기 위해 스포츠를 활용한다. 더욱이 다른 전통적인 커뮤니케이션 믹스와 결합할 때 촉진 효과를 배가시킬 수 있다.

(3) 대중매체

스포츠 스폰서십은 방송사를 비롯한 각종 매체에 광고수입 증대의 기회를 제공한다. 방송국은 대중들의 관심이 높은 스포츠를 중계함으로써 시청률을 높이고 광고수입을 증대시킬 수 있다. 특히 독점중계권을 가지면 다른 방송사 또는 위성방송사에 판매할 수 있는 권리를 갖게 된다. 인쇄매체, 특히 신문매체는 관심 있는 스포츠 기사를 게재함으로써 판매부수를 늘림과 아울러 광고수입을 증대시킬 수 있다.

(4) 스포츠마케팅대행사

스포츠 스폰서십은 스포츠마케팅대행사에게 수익을 증대시킬 수 있는 기회를 제공한다. 규모가 작은 스포츠 이벤트는 전문 스포츠 마케팅대행사를 필요로 하지 않지만 큰 규모의 스포츠 이벤트는 스포츠마케팅대행사를 필요로 한다. 스포츠 스폰서십은 스포츠단체의 규모를 확대시킬 수 있는 재정 확보를 가능케 하고 스포츠 이벤트의 스폰서십 프로그램에는 다국적기업들이 참여하며, 이들은 커뮤니케이션 효과를 높이기 위해서 전문 스포츠마케팅대행사의 도움을 받는다. 그렇기 때문에 스포츠 스폰서십은 스포츠마케팅대행사에게 수익을 증대시킬 수 있는 기회를 제공한다.

(5) 스포츠팬

스포츠 스폰서십은 스포츠팬에게 보다 흥미 있는 볼거리를 제공한다. 스포츠 스폰서십의 성공 요인 중에서 가장 중요한 것은 스포츠팬의 관심이다. 스포츠에 대한 스포츠팬의 관심은 스포츠가 관심을 가질 만큼 가치가 있을 때 나타난다. 작년에 본 경기와 오늘 보는 경기 그리고 1년 뒤에 볼 경기의 내용이 동일하다면 스포츠팬의 관심은 감소할 것이다. 날마다 새롭게 변화하는 선수들의 기량과 팀의 기술에 스포츠팬은 열광하게 된다. 즉, 경기력을 향상시키는 것은 물론 확장제품으로서의 각종 프로그램을 스포츠팬에게 제공해야 스포츠팬이 관심을 가진다. 스포츠팬에게 볼거리를 제공하기 위해서는 재정 확보가 우선되어야 한다. 경기장 시설의 확충, 특별 이벤트의 개최, 스포츠의 저변 확대 그리고 우수선수 영입 등을 통해서 스포츠제품의 가치를 높이려면 많은 재정이 필요하다. 이런 측면에서 스포츠단체는 충분한 재정을 확보하여 관중들을 경기장으로 유인할 수 있는 장점을 개발하여 경기 관전의 흥미를 유발시킴으로써 대중들의 지속적인 관심을 유도할 수 있다.

4) 스포츠 스폰서십 관련 연구

스포츠 스폰서십과 관련된 지금까지 나타나 있는 선행 연구들을 살펴보고자 한다. 우리나라의 선행 연구들을 보면, 육종술(1993)의 Sport Marketing을 통한 sponsorship 모델 개발이라는 연구에서는 기업과 스포츠 단체를 대상으로 연구한 결과에 의하면 기업에게 스폰서십이 중요한 마케팅 커뮤니케이션 요소로 인식되고 있다고 지적하고 있으며 스폰서십 효과를 정확하게 파악하기 위해서는 먼저 스폰서십에 대한 개념을 정확히 파악하고 있어야 한다고 하였다. 박영민과 육종술(1995)은 기업과 경기단체 간 스포츠 스폰서십 성향을 비교하였는데, 즉 스폰서십이 어느 한쪽이 일방적으로 수혜를 주는 것이 아닌 당사자 간의 교환관계에 기인하는 만큼, 경기단체와 기업의 스폰서십 참여 기준이나 상호관계, 인식정도에 각각 어떤 구체적 성향이 있는지를 분석하여 스폰서십이 효율정도로 활용될 수 있는 이론적 근거를 제시하려고 하였다.

1997년부터 관련 논문들이 많이 나타나고 있는데, 스폰서십을 중심으로 이루어진 김진영(1997)의 스포츠 마케팅의 커뮤니케이션 효과에 관한연구, 김수잔과 박영준(1997)은 기업이 스폰서십 선택에 있어서 고려하는 요인과 스폰서십으로부터 추구하는 이익을 규명하였다. 1998년에는 관련논문이 많아지고 있다. 심정식(1998)은 기업의 스포츠 스폰서십 활동이 고등학생, 대학생, 직장인들을 대상으로 스포츠 스폰서십에 대한 이해와 기업에 대한 이미지 제고 및 촉진, 소비자의 신뢰획득, 스폰서십을 통한 이벤트에 대한 기여 요인이 구매행동에 어떤 영향을 미치는가를 연구 하였고, 신인철(1998)은 프로스포츠 경기를 후원하는 기업의 주요 목적과 선택 기준이 무엇이며, 특정 목적의 달성을 위하여 어떤 선택기준이 고려되는지를 조사하였다. 이승훈(1998)은 스포츠 스폰서십이 청소년의 스포츠 음료 구매행동에 미치는 영향에 대하여 연구하였다. 최창신과 이용식(1998)은 기업의 측면에서 본 스포츠 스폰서 쉽이라는 논문을 한국여가레크리에이션학회에 발표하였으며, 심재영과 이창민(1998)은 스포츠 스폰서십 활동을 하는 기업에 대한 이미지와 스포츠이미지와의 관계에 대하여 분석한 결과 기업의 장래성이미지, 기술이미지, 마케팅이미지에는 스포츠 이미지 중 우정이, 사회봉사 이미지에는 경쟁이, 성과(평판)이미지에는 용기가 각각 가장 많은 영향을 미쳤다. 김용만(1998)은 월드컵축구대표팀 스폰서십이 스폰서 인지도 및 상표 선호도에 미치는 영향에 대한 논문을 발표하였고, 임명욱(1998)은 스포츠 스폰서십 광고의 효과에서 스포츠 스폰서십 광고가 비스폰서십 광고에 비해 광고태도에 있어서 높은 효과를 나타냈으나, 제품태도, 구매 의도에서는 유의한 차이를 보이지 않는 것으로 나타났다. 강신도(1999)는 스포츠 스폰서십을 이용한 광고효과에 관한 연구에서 기업의 광고에서의 스포츠 스폰서십 참여 메시지가 소비자들로부터 긍정적 반응을 얻었으며, 제품태도에서 유의한 영향을 미친다고 하였다. 천명환(1998)은 스포츠 스폰서십의 광고효과에 관한 연구가 있으며, 한국체육과학연구원에서 김숙자 등(1999)의 지역사회체육 활성화를 위한 기업과 지역사회의 스폰서십 활성화 방안이라는 것이 있다.

한국사회체육학회에서도 찾아 볼 수 있는데, 설민신(1999)의 2002년 월드컵 대회 스폰서십 구조 변화에 다른 대기업의 스포츠 마케팅 전략에 관한 제언적 고찰과 민경훈과 정영남(1999)의 스포츠 스폰서십 효과를 찾아볼 수 있었다. 도희수(2000)는 스포츠 스폰서십이 기업의 광고효과에 미치는 영향에서 스폰서십 참여가 참여기업의 광고태도 향상과 제품구매에 많은 영향을 미친다고 하였고, 스포츠 관심정도가 높은 대상자에게서 광고 효과가 높게 나타난다고 하였다. 또한 백진우(2000)는 스포츠 관여도에 따른 소비자들에게 인식된 스포츠 스폰서십 요인과 구매 의도와의 관계에서 스포츠 관여도에 따라 스폰서십 인식요인에서 유의한 차이를 보인다고 하였고, 이러한 관여도에 따른 인식요인들과 구매 의도와의 관계를 규명하였다.

2. 지각된 품질

1) 지각된 품질의 개념

지각된 품질이란 고객들이 자사브랜드의 전반적인 성능에 대해 갖고 있는 생각이다(안광호, 하영원 & 박홍수, 2002). 김성배(1999)는 소비자들이 특정 제품에 대하여 지각하고 있는 품질이란 제품이나 서비스가 원래 의도하는 바에 따라 소비자들이 갖고 있는 전반적인 품질이나 우수성에 대한 지각으로 정의할 수 있다고 한다.

Bettman과 Park(1980)은 지각된 품질이란 '눈에 보이지 않는 브랜드에 전반적 감정'으로써, 지각된 품질은 소비자가 어느 한 브랜드에 대해 인식하는 신뢰성과 품질특성의 총체적인 차원을 말하며, 소비자는 특정 제품에 대한 세부적인 특성을 기억하는 것이 아니라 특정 제품에 대해 하나의 종합적이고 전반적인 품질을 지각한다고 한다. 브랜드의 지각된 품질이란 소비자들이 인식하고 있는 특정 브랜드의 전반적인 품질수준을 의미한다. 지각된 품질이란 개념은 마케팅 문헌에서 많은 주의를 끌어왔다.

Zeithaml(1988)은 제품의 품질을 우월성 또는 탁월성으로 광범위하게 정의하였으며, 이 정의를 기초로 하여 지각된 품질을 '제품의 전반적인 우월성(Superiority) 또는 탁월성(Exellence)에 대한 소비자의 판단이다'라고 정의하였다. 그는 또한 지각된 품질의 개념을 다음의 4가지로 정의하였다. 첫째, 지각된 품질(Perceived quality)은 객관적 품질(Objective quality)과는 구별되는 주관적 개념이다. 둘째, 제품의 구체적 속성보다 높은 수준의 추상적이며 복잡한 개념이다. 셋째, 특정제품에 대한 소비자의 전반적인 평가(Global assessment)로써 제품에 대한 태도와 유사한 개념이다. 넷째, 소비자의 대안제품

들에서의 판단, 즉 대안제품으로 인식하고 있는 여러 제품 간의 상
대적 우월성에 대한 판단이다.

Garvin(1987)은 지각된 품질을 상표, 제품 이미지 그리고 광고 등에
의한 간접적인 평가 측면에서의 품질로서 소비자 각자가 느끼는 주관
적인 품질이라고 하였다. 그는 제품의 품질은 성능(Performance), 특
징(Features), 신뢰성(Reliability), 제품사양과의 일치성(Conformance
with specification), 내구성(Durability), 서비스능력(Serviceability)
그리고 제품의 마무리(Fit and finish)의 7개의 차원으로 형성되어질
수 있다고 제안하였다. 성능은 제품작동과 관련된 특성들로서, 자동차
를 예를 들면 가속력, 핸들링, 편리함 그리고 경제성 등이 이에 해당
된다. 특징은 제품의 2차적 구성요소를 말하는데 가령 치약용기가 튜
브형인가 또는 펌프형인가 등이 그 예에 해당된다. 제품사양과의 일
치성은 제품결함정도를 말한다. 신뢰성은 구매하거나 사용할 때마다
일관된 성능을 보이는지를 의미하며, 내구성은 얼마나 오랫동안 제품
이 고객에게 경제적 가치를 제공하는지를 말한다. 서비스 능력은 고
품질의 트랙터 제조업체로 유명한 캐터필러는 세계 어디서나 24시간
이내에 부품을 공급하는 것을 마케팅 목표로 삼았다. 캐터필러의 이
와 같은 서비스 제공능력에서 비롯된 경쟁우위는 트랙터 분야에서 선
두 브랜드로서의 지위를 오랫동안 누릴 수 있게 하였다. 제품의 마무
리는 소비자들은 제품의 품질을 판단할 때 흔히 그 제품의 마무리가
좋게 되었는지를 본다. 예를 들어, 의류제품이라면 단추가 제대로 달
려 있는지 그리고 자동차를 구매하려 한다면 문짝이 정확히 맞춰지고
나사가 튼튼히 감겨져 있는지를 보고 그 제품의 품질을 평가한다.

(1) 주관적 품질의 개념

지각된 품질은 객관적 품질과는 구별되는 주관적인 개념이라고 많
은 연구자들이 주장하였다(Garvin, 1983; Dodds & Kent, 1985;

40

Parasurman, Valarie, & Leonard, 1985). 주관적 판단으로서의 지각된 품질은 제품 자체의 속성뿐만이 아니라, 제품 외적인 속성, 평가자 및 평가가 일어나는 상황에 의해 영향을 받을 수 있다. 이처럼 주관적 품질의 개념이 마케팅에서 중요한 이유는 보통의 소비자들은 과학적으로 정확하게 객관적 품질을 평가할 능력이 없기 때문에 주관적으로 지각하는 대로 제품에 대한 평가를 하고 있기 때문이다. 객관적 품질은 측정 가능하고 입증할 수 있는 사전에 결정된 어떤 이상적인 표준이라고 할 수 있으며, 이는 제품의 우수성, 불완전하거나 유해한 요소가 없는 정도, 제품 완전성 등을 설명하기 위해 사용되는 개념들과도 일정하게 관련되어 있다(Aaker, 1991; Zeithaml, 1988).

(2) 높은 수준의 추상적 개념

제품에 대한 소비자의 인식은 소비자의 인지구조 내에서 몇 단계의 추상적 수준에서 기억되어 진다. 따라서 제품은 여러 가지 상이한 추상적 수준의 의미를 지니게 되며, 이는 소비자의 제품 지식 역시 추상적 수준에 따라 계층을 이루게 됨을 말한다. 즉, 제품에 대한 정보에서 가장 단순한 수준이 제품속성이고, 가장 복잡한 수준이 제품에 대한 개념적 가치인 것이다(Zeitheml, 1988).

Zeitheml(1988)은 지각된 품질을 속성보다 더 높은 추상적 개념이라고 정의하였고, 이러한 의미에서 지각된 품질을 명백한 제품속성보다 한 단계 상위에 있는 추상적 제품속성으로 규정하였다. 그리고 지각된 품질이 비록 일관성, 집중성 및 강도에 따라 달라 질 수는 있겠지만, 소비자의 구매결정에 있어서 특정 상품에 대한 선호도나 행동에 영향을 미칠 수 있는 태도와 비슷한 종합적인 개념이라고 하였다(Hawkins, Best, & Coney, 1983).

(3) 전반적 평가

Olshavsky(1985)는 지각된 품질을 태도와 유사한 제품에 대한 전반적인 평가라고 하였다. Lutz(1986)는 품질을 감정적 품질과 인지적 품질로 구분하고 있는데, 이 중 감정적 품질은 지각된 품질을 태도와 유사한 전반적 평가라고 하는 Olshavsky(1985)의 견해와 유사하다. 또한 인지적 품질은 낮은 수준의 단서와 전반적인 제품평가 사이에 존재하는 우월한 추론적인 제품에 대한 평가라고 할 수 있다.

Zeithaml(1988)에 의하면, 감정적 품질은 서비스나 비내구성 소비재와 같은 경험속성이 우세한 제품에 더 적합한 품질 개념이며, 인지적 품질은 탐색속성이 우세한 산업재나 내구성 소비재에 적당하다고 하였다.

(4) 소비자의 환기상표군내에서 행해지는 판단

소비자의 품질에 대한 평가는 소비자가 인식하고 있는 비교구조 내에서 일어난다. 즉, 한 제품의 품질은 소비자가 대체재라고 생각하는 제품군 또는 서비스들 가운데의 상대적인 탁월성이나 우월성에 따라 높고 낮음이 평가된다는 의미이다. 여기서 비교구조 내의 특정한 제품집단은 기업에서 행한 경쟁제품의 평가에 의존하는 것이 아니라 소비자의 평가에 의존하며, 그 평가는 상대적이라는 점에서 주목할 만하다(Zeitaml, 1988). 소비자의 지각은 선택적으로 이루어지며, 또한 지각능력은 제한적이므로 소비자는 자신의 지각능력 내에 존재하는 제품이나 서비스에 대해서 품질을 지각한다.

2) 지각된 품질 관련 연구

지각된 품질에 대한 연구는 다양하게 이루어져왔다. 우선 광고는 브랜드의 품질에 대한 지각과 사용경험에 영향을 미친다고 주장한다

(Cobb-Welgren, Cachy, Cynthia & Naveen, 1995). Kirmani(1997)는 많은 광고가 된 브랜드는 고품질과 관련되어진다고 주장하였다.

Kirmani(1990), Kirmani와 Peter(1989)의 연구에서는 광고비용은 고품질임을 내포하고 있으며 제조회사의 노력의 일환으로 지각하게 되며 이는 곧 결과에 영향을 미친다고 주장하고 있다. 그러나 어떤 수준에서의 광고비용은, 제조회사가 자신감을 갖고 있지 않고 있다는 것을 의미하게 된다. 만약 소비자가 제조회사의 지나친 노력을 무모하다고 생각한다면 그 결과는 비우호적인 브랜드 지각이 생겨나게 된다.

Sujan(1985)은 지각된 품질과 제품인식이 일치할 때는 소비자가 제품들의 특정 속성에 대해 정보처리를 덜하게 되므로 확장브랜드를 보다 신속하게 인식한다는 사실을 발견하였다. Kirmani와 Peter(1989)는 실험대상자를 통하여 유명인 고용, 큰 청중 메디아, 높은 빈도의 광고는 광고비용이 많이 든다는 것임을 알아내었으며 큰 청중 메디아는 고품질임을 암시하나 광고의 빈도가 높음은 품질이 좋지 않다고 주장한다.

Aaker와 Keller(1990)는 소비자가 어느 한 브랜드의 품질이 높다고 지각하게 되면 확장제품에 대해서도 호의적인 태도를 갖게 되므로 기존제품의 태도를 확장제품에 쉽게 전의시킨다는 사실을 발견하였다. Kirmani(1990)의 연구에서는 인지된 광고비용이 브랜드 지각에 어떻게 영향을 미치는가에 관하여 연구를 하였는데, 인지된 광고비용은 제조회사의 노력으로 인지되며 이는 곧 브랜드의 지각에 영향을 미친다는 것이다.

Aaker(1991)는 지각된 품질이 구매결정과 브랜드 충성도에 직접적인 영향을 미친다고 주장하였으며, 특히 구매자의 동기부여가 낮은 경우에는 지각된 품질이 구매결정에 결정적인 요인으로 작용한다고 주장하였다. Aaker(1996)는 혁신, 품질에 대한 추구, 환경에 대한 관심과 같은 기업의 특징은 새로운 브랜드나 신제품에 신뢰성을 부여한다고 주장하고 우호적인 평판을 받는 기업은 그렇지 못한 기업에 비해 유리한 위치를 갖고 있다고 한다.

Rao와 Monroe(1989)는 제품정보를 충분히 갖지 못한 소비자들은 강한 가격-품질 연상 심리를 갖게 됨을 발견하였다. 그러나 제품 특성에 관한 충분한 정보를 갖고 있는 소비자는 제품가격으로부터 품질을 추론하는 성향이 낮으며, 여러 제품속성들(상표명, 성능, 포장, 제조국 등)을 함께 고려하여 제품품질을 평가하게 된다. 그리고 상표의 사용경험을 가진 소비자는 상표선택에 있어서 가격의 중요도가 크지 않음을 발견하였다.

3. 브랜드 인지도

1) 브랜드 인지도의 개념

브랜드 인지도는 "잠재구매자가 어떤 한 제품부류의 특정 브랜드를 재인식 또는 상기할 수 있는 능력"으로써 브랜드 인지도는 소비자에게 제품에 대한 친숙성과 신뢰성을 제공해 준다. 브랜드 인지도가 높으면 고려브랜드 군에 포함될 확률이 높아지게 되므로 이에 따른 구매가능성도 함께 높아지게 되며, 브랜드 인지도가 높은 브랜드를 신제품에 이용하면 소비자들에게 브랜드인식을 높여 줌으로써 제품의 이미지나 정보를 신속하게 전달시킬 수 있다. 특히 관여도가 낮은 제품들의 경우에는 브랜드 인지도가 구매결정을 좌우한다(Necunga, 1990; 홍성태, 1992).

높은 브랜드 인지도는 구매시점에 그 브랜드를 선택대안의 하나로 고려하는데 기여한다. 사실 기업은 자사브랜드에 대한 태도를 변화시키지 않고 단지 브랜드 인지도의 변화를 통해 그 브랜드의 선택확률을 증가시킬 수 있다(안광호, 한상민 & 전성률, 2000).

재인(recognition)이란 주어진 정보가 기억 속에 있는지를 확인하는 과정 즉, 기억 속에 대상물을 제시하고 과거의 사건이나 경험과 관련된 상황적 요소들을 인출하는 것을 말하여, 회상(recall)은 소비자들이 과거에 경험하였거나 과거에 학습된 개체에 대한 기억을 재생해 내는 것을 의미한다(홍성태, 1992).

마케팅 커뮤니케이션 연구회(1992)는 브랜드 인식은 소비자가 느끼는 정도에 따라 '그 브랜드를 알고 있는 것 같다'는 약한 인지부터 어떤 제품의 시장에서 '그 브랜드만 있는 것으로 알고 있다'는 강한 인지도까지 그 강도의 범위가 넓다. 이처럼 브랜드 인식은 세 가지 다른 수준의 개념으로 나뉜다.

첫째, 브랜드 인식의 가장 낮은 개념인 보조 인지는 어떤 제품 부류 내 여러 가지 브랜드 이름이 주어진 상태에서 조사 응답자들이 그 브랜드 이름을 이전에 들어본 적이 있는지를 알아보는 것으로 제품부류와 브랜드 이름 간의 연관성이 꼭 강해야 될 필요성은 없다. 보조 인지는 브랜드 인식의 최저 단계로서 소비자가 구매 장소에서 브랜드를 결정하는 매우 중요하다.

둘째, 다음 단계인 비보조 상기는 브랜드 인지 테스트와는 다르게 응답자가 한 제품 부류에서 생각나는 브랜드를 자유롭게 열거하는 것으로 브랜드 이름이 주어지지 않기 때문에 응답 난이도에 있어서 보조 인지보다 훨씬 높으며 브랜드의 시장 위치가 강하게 반영된다.

셋째, 제일 먼저 상기된 브랜드를 최초 상기 브랜드라고 하는데 이 브랜드는 여러 브랜드들과의 경쟁에서 앞서 있어 소비자의 마음 속에 특별한 위치를 점하고 있다고 할 수 있다. 비보조 상기에서 대다수의 소비자가 한 특정 브랜드만을 상기하는 경우를 지배적 브랜드라고 한다.

2) 브랜드 인지도의 역할

브랜드 인식은 네 가지 측면에서 상품의 가치를 창조하는 역할을 하고 있다(Necunga, 1990).

첫째, 브랜드 인식은 제품 이미지를 연결해 주는 연상 매체로서의 역할을 수행한다(이유재, 2000). 브랜드 인지는 마케팅 커뮤니케이션의 기본적인 목적이다. 일반적으로 제품 특성과 연계시킬 수 있는 브랜드 이름이 시장에서 확립되기 전에 제품의 특성만을 전달하고자 하는 것은 마케팅 노력의 낭비라고 볼 수 있다. 브랜드 이름이란 것은 소비자의 마음속의 특별한 파일 폴더와 같아서 그 브랜드가 연상시키는 사실, 이미지, 느낌 등이 그 속에 채워진다(조동명, 1984). 이러한 브랜드 파일이 없다면, 어떤 브랜드 이름에 대한 사실이나 이미지들이 소비자 마음의 일정한 곳에 정리되지 않아 그 브랜드에 대한 정보가 필요할 때 접근이 용이하지 않게 된다.

새로운 제품의 경우 브랜드 인지도 제고에 특별한 관심을 두는 것은 당연하다. 실제 브랜드 인지가 없이 제품 구매 결정을 내리는 경우는 드물고, 신상품의 성공을 예측하는 거의 모든 계량 기법들이 브랜드 인지를 중요한 변수로 다루고 있다. 더욱이 소비자가 신제품의 브랜드 이름에 대한 소비자 인지가 어느 정도 수준에 오를 수 그 브랜드 이름에 새로운 연상 이미지를 연결시키는 것이 마케팅 임무이다.

둘째, 제품에 대한 친근감과 호감을 제공하는 역할을 수행한다. 브랜드 인지는 제품에 대한 친근감을 주는 바탕을 마련한다(김주호, 1999). 특히 비누, 껌, 설탕, 화장지 등 관여도가 낮은 제품의 경우 브랜드에 대한 소비자의 친근감이 구매 결정을 좌우할 때가 있다. 제품 평가의 동기가 없는 경우 브랜드가 소비자에게 친근감을 주는 것만으로도 충분히 구매와 연결될 수 있다.

셋째, 제품과 회사에 대한 신뢰감을 부여하는 역할을 한다. 소비자가 브랜드를 인식하고 있다는 사실은 그 제품이 시장에 나와 있다는 표시로서 내구재로부터 산업재구매자에 이르기까지 매우 중요한 의미를 가진다. 어떤 회사 제품의 브랜드 이름을 소비자가 인식하고 있다면 일반적으로 소비자가 아래와 같이 추측하고 있는 것으로 가정된다.

그 회사의 제품이 널리 광고되었다, 오랜 기간 동안 그 업종의 사업을 해왔다, 그 회사의 사업 지역과 유통망이 광범위하다 그리고 시장에서 성공한 브랜드이며 많은 사람들을 고용한다.

이러한 소비자들의 추측은 항상 그 브랜드나 회사에 대한 구체적 사실에 근거하지는 않는다. 설령 제품 광고를 한 번도 보지 않았고 그 회사에 대해 아는 바가 없다 하더라도 그 회사의 브랜드를 알고 있으면 소비자들은 그 회사는 규모가 크며 제품 광고를 하는 것으로 추측한다. 만약 그 브랜드가 소비자에게 전혀 생소하다면 그 제품과 회사의 견실함과 신뢰성이 일단 의심을 받게 된다.

넷째, 구매 고려 대상 브랜드 군에 포함시키는 역할을 한다. 제품 구매 과정에서 소비자는 우선 고려해 볼 브랜드를 마음속에 선정한다. 그 예로 광고 대행사를 선정할 때나 승용차 구입을 위한 시험운전 시, 컴퓨터 시스템 구입을 위한 제품 평가를 할 때 몇 가지의 브랜드를 우선 고려할 것이다. 구매 과정 동안 소비자들은 특별한 경우가 아니면 아주 많은 브랜드 이름이 된다는 것은 구매 고려 브랜드 군에 포함되기 위한 필수 요건이다. 높은 브랜드 인지도를 가진 브랜드는 고려 상품군에 우선적으로 포함되는 이점이 있다(Prakash, 1990).

3) 브랜드 인지도 관련 연구

소비자는 제품을 구매할 때 경쟁브랜드 중 극히 일부만을 구매대상으로 고려하는 것이 보통이다. 따라서 소비자가 자사의 브랜드를 바람직한 대안 중에 하나로 기억하고 있는지 그리고 자사 브랜드에 관련된 정보를 기억 속에서 끌어낼 수 있는지는 전략적 의사결정에 중요한 정보이다(이학식 등, 2000).

브랜드의 인지도와 이에 따른 소비자의 구매의사 결정에 대한 선행연구를 살펴보면 다음과 같다. 김문숙(1982)은 서울시 거주하는 여성들을 대상으로 외국상표인지도 및 선호도를 조사한 결과 연령이 높을수록 인지도 및 선호도가 높은 것으로 나타났다고 하였고, 이유리(1994)의 연구에서는 소비자들이 수입상표를 선호하는 이유로 상표가 유명할수록 그 영향을 가장 강하게 받으며 그 다음이 가격이었다고 한다. 그러나 소비자는 수입상표의 가격이 비싸다고 하더라도 선호도는 떨어지지 않았다.

조동명(1984)은 중·고등학교와 대학교 남·여학생 300을 대상으로 스포츠화 브랜드와 소비자의 구매 관계에 대한 설문조사를 실시한 결과, 스포츠화 제품의 구매 결정 과정에서 중요한 선택기준에 대해 조사 대상자들이 가장 중요하게 생각하는 것은 제품의 가격보다 상표의 유명도로 나타났다.

브랜드 인지도는 소비자의 구매의사 결정과정에서 중요한 역할을 한다. Keller(1993)는 그 이유를 다음과 같이 세 가지로 정리하고 있다.

첫째, 브랜드 인지도가 제고 되면 그 브랜드가 구매 고려상품군에 우선 적으로 포함될 가능성이 높아지기 때문이다. 둘째, 브랜드 인지도는 상표친숙성을 형성하여 브랜드에 대한 선호도와 선택가능성을 높여주기 때문이다. 셋째, 브랜드 인지도는 브랜드연상 강도와 형성에 영향을 줌으로써 소비자의 구매결정에 영향을 미치기 때문이다.

김정현(1996)은 서울시 거주 직장인, 대학생, 중·고등학생 250명을 대상으로 패션 진의 상표인지와 선택에 영향을 미치는 요인에 대해 설문지를 실시한 결과, 조사 당시 신세대층에 가장 선호되고 있는 닉스 상표에서 성별, 나이 모두가 유의하게 상표 선호도에 영향을 미치고 있음을 보여주었으며, 영향력의 크기는 성별 나이순으로 나타났다.

이상학(1999)은 연구자가 소속되어 있는 대학교의 학부생과 대학원생, 주부, 직장인 319명을 대상으로 라면의 브랜드와 제품 평가에 있어서 브랜드가 보다 선호적일 경우 지각된 품질과 가치가 보다 크게 나타났으며 지각된 손해는 보다 작게 나타났다. 박영웅(1999)은 서울시내 변두리에 소재하고 있는 백화점, 슈퍼 등을 출입하는 소비자 288명을 대상으로 음료제품의 브랜드 네임이 제품평가, 구매 동기에 대해 검토한 결과, 음료 브랜드 네임은 조사 대상자의 전체 70.8%가, 특히 20대는 전체의 87.8%가 브랜드 네임을 마케팅 전략의 가장 중요한 요소로 인식하고 있으며, 전체의 84.3%는 브랜드 네임을 제품평가에 가장 중요한 것으로 꼽았다. 특히 우리말의 브랜드 네임이 외국어 브랜드 네임보다 기억하기 쉽다고 전체의 52.6%가 응답하고 있어 브랜드 네임을 제품에 맞게 선택함으로써 긍정적 효과를 얻을 수 있었다.

김정기(1999)는 서울시립대학교 학부 학생 180명을 대상으로 총 24가지 제품군에 대한 브랜드 현저성과 인지도가 브랜드 회상에 미치는 영향을 분석한 결과, 브랜드 인지도 수준에 따라 간섭의 효과가 차이가 나타났다. 분석 결과 인지도가 높은 브랜드가 낮은 브랜드보다 상대적으로 간섭효과의 영향을 적게 받은 것으로 나타났는데 이는 인지도가 높은 브랜드는 경쟁 브랜드의 현저성이 증가될지라도 이러한 현저성에 의한 간섭의 영향을 적게 받기 때문이다. 반면 상대적으로 적게 회상되어진다고 한다.

4. 브랜드 이미지

1) 브랜드 이미지의 정의

마케팅에서 브랜드 이미지가 오랫동안 중요한 개념으로 인식되어 왔음에도 불구하고 이 용어에 관한 일치된 정의는 적었던 것이 사실이다(Donbi & George, 1990). 일반적으로 브랜드가 가지고 있는 이미지는 소비자가 특정 기업의 브랜드에 대해 가지고 있는 좋거나 나쁜 느낌 혹은 브랜드에 대한 신념과 같이 제품자체에 대한 좋고 나쁜 감정이 제품과 관련된 여러 정보의 간접적 요소와 결합되어 형성된 소비자의 심리적 구조체계로 되어진다(Horowitz & Kaye, 1975).

브랜드 이미지는 사람들이 특정 브랜드와 관련하여 형성되는 모든 감정적, 심미적 품질을 말하며(Dunn, 1961), 그것은 브랜드와 제품이 투사하는 개성이다. 구체적으로 이미지란 상상, 영상 그리고 심상 등으로 해석되는데 심층적 의미에서 이미지는 과거의 경험으로부터 구체적 감각적으로 인간의 마음속에 인출되는 상으로 직접적인 감각 대상의 관련성이 없어도 인간의 의식 가운데서 만들어지는 상이다.

Martineau(1968)는 이미지를 개성으로 파악하여 브랜드 이미지를 브랜드가 가지는 개성이라고 주장하였다. 개성이 외부환경에 대처해 나가는 반응의 일반화된 유형 혹은 행동반응을 결정하는 개인의 내·외적 특성이라고 할 수 있다.

Jain과 Etger(1976)는 브랜드 이미지를 오랜 시간동안 어떤 대상에 대해 가지는 일반적인 특성, 감정과 인상이라고 정의하고 외적 속성으로서의 제품특성에 중요한 의의를 두었다. 이들에 의하면, 제품특성은 제품에 대해 정서적 감정을 충분히 자아내는 제품자체의 보다 구체적이고 기술적인 물리적 성질로서 이것이 오랜 시간을 통해 소비자의 정서적 감정에 영향을 줌으로써 이미지가 형성된다는 것이다.

Marks(1976)는 이미지를 부분의 합 이상인 전체 상(picture)으로서 대상을 지각하는 여러 차원에서의 복합물로 파악했는데 이에 따르면, 브랜드 이미지는 제품에 대한 전체상이 복합적으로 지각된 것이라 할 수 있다. 브랜드 이미지를 어떤 의미를 가지고 조직화된 연상들의 집합이라고 설명하고 있다. 예를 들어 맥도널드는 단순한 여러 연상들의 집합이라고 설명하고 있다. 그 연상들이 어떤 의미를 갖고 있는 집단으로 조직화된 결정체이다. 어린아이들 집단, 서비스집단 그리고 일조의 식품집단 등이 있을 수 있다. '맥도널드'가 언급 될 때 황금아치, 도널드 혹은 햄버그와 프렌치 프라이 등과 같이 마음속에 다가오는 한 개 혹은 그 이상의 시각적 이미지나 마음속에 그림들을 브랜드 이미지라 하였다(태원규, 2000).

Reynolds와 Gutman(1984)은 지각되는 대상이 물리적 인식단계에서 점차 하나의 가치를 가지는 추상적 인식단계로 이행하면서 형성되는 것을 이미지로 보고 과정 지향적으로 파악하였는데, 브랜드 이미지는 무리적인 제품속성이 점차 추상화되어 소비자의 심리적 구조에 하나의 가치로 체계화된 것으로 보았다. Keller(1993)는 브랜드 이미지를 브랜드지식의 관련 네트워크 기억모델로 설명 하였는데, 브랜드 이미지란 소비자의 기억 속에서 브랜드연상에 의해 영향을 받는 것과 같은 브랜드에 대한 인식이라고 주장하였다. Kotler(1996)는 브랜드와 관련하여 이미지를 신념의 집합(a set-of-belief)으로 보아 브랜드 이미지를 브랜드에 대해 소비자가 가지는 신념의 집합으로 파악하고, 이러한 신념의 집합은 브랜드에 대해 소비자가 가지는 신념의 집합으로 파악하고, 이러한 신념의 집합은 브랜드의 특성에 대한 소비자의 평가의 합으로 표시될 수 있음을 제시하였다.

이처럼 브랜드 이미지에 관한 여러 연구자들의 견해에 보듯이 명확한 개념을 정립하고 있지 못하고 유사한 의미들로 사용되어져 왔다. 하지만 제품이 물리적 속성이나 상징적 의미를 가진다는 점과 브랜드에 대한 지각의 주체가 소비자라는 점에서 볼 때 브랜드 이미지는 소비자의 기억 속에 담겨있는 브랜드 연상관계들이 반영된 브랜드에 관한 인식으로 정의될 수 있다.

대부분의 브랜드 이미지에 관한 견해는 제품의 물적 속성이 소비자의 인지구조에 도달하도록 하는 것에 중점을 두고 있다. 그런데 제품은 무리적인 부품의 결속뿐만 아니라 그 자체가 형태, 크기, 색깔과 기능에 의해서 소비자의 욕구와 생활을 나타내주는 상징적으로 사용될 수 있는 상징적 의미를 가진다. 그것은 소비자들이 자아개념이나 가치를 나타내기 위해서 제품을 구매·사용함을 의미한다.

소비자가 특정 브랜드제품을 선택하는 것은 소비자의 자아개념에 의해 영향을 받는다. 즉 소비자들은 그들이 선택할 수 있는 여러 브랜드들에 대하여 지각하고 평가한 결과 특정브랜드가 제공하는 이점이 그들의 자아개념과 일치하는 브랜드를 선택한다.

소비자들은 그들의 행동, 가치관과 태도 등에 영향을 미치는 자아개념을 형성한다. 자신은 어떤 유형의 사람인가, 남들이 자신을 어떻게 보는가, 자신이 어떻게 되기를 바라는가, 다른 사람들이 자신을 어떻게 보아주기를 바라는가 등의 자아 개념에 따라 각 개인은 바람직한 자아개념을 투사하는데 도움이 되는 순서로 제품종류(product class) 내의 많은 브랜드들에 대하여 선호의 서열을 정할 것이다. 소비자행동은 자아개념과 제품, 브랜드, 점포 및 기업 등의 이미지를 일치시키려는 추도에 의해서 일어나기 때문이다. 소비자의 자아개념은 복잡한 개념이지만 브랜드 이미지는 이와 더불어 자기만족의 수단으로 소비자 구매행동을 유발시키는 요인으로 이해될 수 있다.

2) 브랜드 이미지 형성

Keller(1993)에 따르면 브랜드 이미지를 형성하는 조건으로 기억 속에 브랜드 개념매듭(node)이 생성될 것, 그리고 그 브랜드 개념매듭이 브랜드와 관련된 정보들을 쉽게 첨가하도록 영향을 미치는 성질이 있을 것 등을 제시하였다.

브랜드 이미지는 여러 가지 다른 브랜드 연상관계로 구성된다. 이는 다음에 나오는 순서에 따라 점점 범위가 커지는 속성, 혜택 그리고 태도연상관계 등의 세 가지 범주로 구분된다. 이들 브랜드 연상관계는 제품 관련, 비관련 속성(기능적, 견험적, 상징적 혜택) 그리고 전반적 브랜드 태도를 포함한다.

(1) 속성 연상관계(Attribute association)

속성이란 제품이나 서비스를 특징짓는 기술적인 특성을 가리킨다. 속성은 여러 가지 방법으로 구분될 수 있다(Myers & Allan, 1981). 이는 일반적으로는 제품 관련 속성과 비제품 관련 속성으로 구분된다. 제품 관련 속성은 소비자가 찾는 제품이나 서비스의 기능을 구성하는데 필요한 요소들이다. 그리고 비제품 관련 속성은 서비스의 구매 혹은 소비와 관련된 외적 측면들로 정의된다. 그 네 가지 주된 형태는 가격정보, 포장 혹은 제품외관에 관한 정보, 사용자에 관한 연상 그리고 제품용도에 관한 연상 등이다.

가격은 특히 중요한 속성연상관계인데 소비자들은 브랜드의 가격과 가치에 관한 강한 신념을 가지고 있으며, 제품범주에 관한 지식을 각기 다른 브랜드들의 가격의 한 단계와 관련하여 조직화할 수 있기 때문이다(Blattberg & Kenneth, 1989). 그들이 가지고 있는 제품지식을 제품이나 서비스의 가격은 구매과정의 필수적인 단계와 관련이 있으면서도 제품의 기능이나 서비스의 기능에는 직접적으로 관련되지 않으므로 제품비관련 속성으로 구분한다.

포장은 구매와 소비의 과정의 부분으로 여겨지지만, 제품의 기능 수행의 필수요소와는 직접적으로 연관되어 있지 않다.

사용자 연상이나 용도연상은 소비자 자신의 경험으로부터 형성되어질 수 있으며, 구전효과에 의해서 다른 사용자들에게 정보의 원천으로 작용할 수 있다. 또한 사용자와 용도연상 속성들은 브랜드 퍼스낼리티 속성(브랜드에 의해서 촉발된 감정이나 정서를 반영한다)을 구성하기도 한다(Plummer, 1985). 브랜드 사용자 연상관계들은 인구 통계학적 요인, 사이코그래픽스 요인 및 기타 요인들과 연관되어 있고, 브랜드 용도 연상관계들은 일년, 일주 혹은 하루 중에 때나 장소, 활동 등과도 연관이 있다.

(2) 혜택 연상관계(Benefit association)

혜택이란 소비자가 제품 혹은 서비스에 부여하는 개인적 가치이다. 혜택은 그 혜택들이 연관되어 있는 동기, 즉 기능적 혜택, 경험적 혜택, 상징적 혜택의 세 가지 범주로 구분할 수 있다(Park, Jaworski & MacInnis, 1986).

기능적 혜택이란 제품이나 서비스의 본질적인 혜택으로 보통 제품 관련 속성에 해당된다. 기능적 혜택이 관련된 동기는 심리적 동기, 안전에의 욕구(Maslow, 1970) 그리고 문제해결이나 회피와 관련된 동기 등이다(Fennell, 1978). 경험적 혜택이란 제품 관련 속성에 해당하는 요소로서 제품이나 서비스를 사용하면서 느끼는 쾌감을 일컫는다. 이러한 혜택은 감각적인 즐거움, 다양성 그리고 인식 영역의 자극에 대한 욕구를 충족시켜 주는 혜택이다. 마지막으로 상징적 혜택이란 제품과 서비스의 보다 비본질적인 혜택들로서 제품비관련 속성에 해당된다. 사회적인 요인 혹은 개인적인 표현 그리고 외부지향적 자존심 등과 관련된 욕구를 충족시켜주는 기능을

한다. 상징적 혜택은 사회적으로 표시가 나는 뱃지 제품들과 관련
이 깊다. 이러한 부분에서 소비자들은 브랜드의 위상이나 유행성에
큰 가치를 느낀다.

3) 브랜드 이미지의 속성

일반적으로 제품은 광범위한 의미로 제품종류(product class)로서
사람들의 일반적인 욕구를 만족시키는 제품의 집합을 말한다. 그리
고 제품형태(product form)로서 특정한 욕구충족을 위한 제품종류
내의 변형이라고 할 수 있다. 마지막으로 가장 협소한 의미는 제품
브랜드로서 제품형태 내의 개별브랜드를 뜻한다(홍성태, 1992). 그
리고 제품이미지란 실제제품 혹은 가상제품에 대해서 소비자들이
가지는 인상을 말한다(채서일, 1998). 따라서 브랜드라는 자체가 일
반적으로 표시나 상징에 관한 포괄적인 개념으로 사용되어왔기 때
문에 본 연구에서 사용되는 브랜드 이미지는 기존의 연구에서 사용
된 제품이미지와 동일한 개념으로 볼 수 있다.

이러한 맥락에서 기존의 문헌에서 다루어진 자아일치에 관한 이론
들은 주로 자아이미지와 브랜드 이미지라는 개념보다는 제품이미지
혹은 제품사용자이미지라는 개념을 많이 적용하였다(Sirgy, 1985;
Sirgy, Dhruv, Tamara, Park, Chon, Clakborne, Johar, & Harold,
1997). 물론 브랜드 이미지와의 일치성 개념을 연구하였던 부분도 있
었지만 광고와 관련된 소비자의 인식이나 기억 그리고 태고에 관련
된 연구들이 주를 이루었다(Aaker, 1999; Alpert & Kamins, 1995).

일반적으로 제품의 이미지는 소비자들이 형성하는 기능적 속성과
상징적 속성으로 대별할 수 있다. Keller(1993)는 브랜드 지식의 영
역모델에 있어 브랜드 지식을 구성하는 한 요소로서 브랜드 이미지
를 들고, 이러한 브랜드 이미지를 구성하는 브랜드연관성의 유형에

서의 혜택적 연관성을 이루는 기능적 측면, 경험적 측면 그리고 상
징적 측면의 각 속성을 제시하였다.

4) 브랜드 이미지 관련논문

Allison과 Uhl(1964)은 브랜드가 제시되지 않은 경우를 비교하는
맥주선호에 관한 연구를 했었는데, 브랜드 이미지가 맥주선호에 많
은 영향을 미친다는 결과를 유도함으로써 브랜드 이미지의 중요성
을 파악하였다. Engel, Rogel과 Paul(1986)은 관여를 구매 관여 혹
은 소비자행동이 의사결정자에 의하여 개인적 중요성 내지 관련성
을 가질 때 일어나는 확장된 문제해결 등의 활성화로 정의하면서,
높은 개인적 중요성 내지 관련성을 가질 때의 제품을 고관여 제품
이라고 하고 그 반대의 경우를 저관여 제품이라고 하였다. 즉, 고관
여 제품일 경우 브랜드 이미지가 크게 작용한다고 지적하였다.

Assael(1995)은 고관여 구매를 소비자가 자아와 재무적・사회적・
심리적 위험을 포함하여 소비자에게 중요한 것으로 정의하면서 고관
여 이면서 브랜드 간의 차이가 있을 때 복잡한 의사결정을 하면서 브
랜드 충성도를 갖는다고 하였다. Park와 Young(1985)은 보다 구체적
으로 고관여를 인지적 관여와 정서적 관여로 구분하면서, 인지적 관
여와 정서적 관여는 브랜드 충성도에 대해 서로 다른 의미를 가진다
고 하였다.

5. 브랜드 충성도

1) 브랜드 충성도의 개념

소비자는 제품을 구매할 때마다 복잡한 의사결정을 거치지 않는다. 여러 번 구매 후에는 과거 경험에 비추어 보아 가장 만족스러웠던 상표를 구매할 것이며, 이런 경우는 거의 반복적인 의사결정 과정을 밟지 않는다. 이와 같이 반복적인 만족의 결과로 특정 상표를 계속 구매하는 것이 브랜드 충성도(Brand loyalty)이다(임종원, 김제일, 홍성태, & 이유재, 1994). 그러나 이러한 개념적 정의로서 브랜드 충성도를 완전하게 설명하였다고는 할 수 없다. 그것은 지금까지 브랜드 충성도에 대한 개념적 정의가 많이 이뤄지고 있으나 아직 통일된 견해가 없으며, 이 분야에 접근하는 연구자들이 행동과 태도적인 측면에서 각각의 정의를 내고 있기 때문이다.

Jacoby와 Kyner(1973)는 브랜드 충성도에 관하여 구체적으로 제시한 바 있다. 그들은 브랜드 충성도를 상표 대안들 중의 일부에 관하여 의사결정 단위가 시간의 흐름에 걸쳐 나타내 보이는 편견된 행위적 반응으로서 심리적 과정의 함수로서 정의하였다. 이것을 구체적으로 세분하여 보면 여섯 가지의 세분된 개념으로서 브랜드 충성도를 정의하고 있는 것이다.

편견이 내재된 것, 행동적인 반응, 시간의 경과에 따라, 의사결정 단위, 하나 또는 그 이상의 대안적 상표들에 관한 것 그리고 상표에 대한 심리적 과정의 함수이다.

그러나 이러한 Jacoby와 Kyner(1973)의 주장에 대해 반론을 펴는 학자가 있었다. 그들의 주장이 발표된 다음해인 1974년 Tarpey (1974)는 그들의 주장에 대해 그들의 브랜드 충성도에 대한 6가지 조건들은 브랜드 충성도에 대한 인과관계를 나타내주는 변수들이 아니라, 단지 현상만을 제시한 것이라고 반박했다. 결국 이렇게 볼 때 그 내용은 우리가 이미 알고 있는 이상의 의미는 없는 것이라는 것이다.

이러한 Tarpey(1974)의 반론에 대해 Jacoby(1975)는 다시 자기주장을 옹호하는 주장을 제시한다. Tarpey(1974)가 주장한 인과관계에 대해 A와 B의 인과관계만으로는 A가 B의 원인이라는 것을 이해할 수는 없다. 또한 우리는 우리 주장에 대한 근거가 될 만한 자료를 가지고 있다. 따라서 우리가 주장한 6가지 개념들이 브랜드 충성도의 내용이며, Tarpey(1974)는 학문을 역행하는 주장을 펼치고 있다고 그를 신랄하게 비판하였다.

그러나 Tarpey(1975)는 Jacoby(1975)의 이러한 비판에 대해 다시 반박한다. 그들은 최초의 연구에서 브랜드 충성도의 개념적 정의를 약속했으나 그들이 제시한 것은 조작적 정의에 불과했다. 그들은 피상적인 이해 이외에 아무것도 제시하지 못했으며, 그것은 매우 독단적인 것이라고 논평을 하였다. 이후에 이들이 문제에 대하여 다시 주고받은 내용은 찾을 수 없었다. 이렇게 볼 때 Jacoby와 Kyner(1973)의 개념적 정의가 정확한 것이라고 하기는 어렵다. 그러나 오늘날까지 가장 많이 인용되고 있는 브랜드 충성도의 개념에 바로 Jacoby와 Kyner(1973)의 개념적 정의이다. 이들 이후에도 브랜드 충성도에 관한 정의는 여러 학자들에 의해서 지속적으로 시도되고 있다.

Hawkins et al.(1983)은 브랜드 충성도란 제품범주(product specific) 현상, 즉 특정 제품군 내에 충성도를 보이더라도 다른 제품에 유사한 충성도를 보이지 않을 수 있다는 주장을 제시하고 있다.

윤훈현(1989)에 의하면 브랜드 충성도란 시간이 경과함에 따라 유일한 상표에 대해 호의적인 태도와 지속적인 구매를 하는 것으로써 그것은 정보탐색과 상표 평가를 거의 하지 않기 때문에 습관적 구매로도 보일 수 있다고 한다. Assael(1992)은 브랜드 충성도는 특정상표의 지속적인 구매의 결과로 그 상표에 대한 호의적인 태도를 나타내는 것으로서, 이것은 하나의 상표가 그들의 욕구를 만족시켜 줄 수 있다는 소비자 학습의 결과라고 언급하고 있고 Aaker(1991)는 브랜드 충성도란 마케팅의 중심개념으로 고객이 가지는 특정 상표에 대한 소비자의 충성도로서, 소비자는 특정 상표에 대한 지속적인 애착의 정도를 그들의 구매행동 시 특정 상표에 대한 충성도로써 나타낸다고 주장하고 있다.

2) 브랜드 충성도의 중요성

Arnold(1992)는 마케팅 관리자에게 좀 더 중요한 개념이 되는데 그 이유는 적어도 4가지 측면에서 찾아 볼 수 있다.

첫째, 상표충성 소비자들의 개발과 유지는 기업의 수익성과 관련되기 때문이다. 둘째, 시장세분화의 기준으로서 브랜드 충성도의 이용이 가능하다. 셋째, 판매수입과 이윤의 예측이 가능하다. 넷째, 주어진 시장에서 브랜드 충성도의 정도에 따라 기업이 마케팅 전략이 바뀔 수 있기 때문이다.

Runyon, Stewart와 Mowen(1987)은 브랜드 충성도를 소비자의 심리적 현상을 반영하는 본질적인 태도로서 보았다. 따라서 브랜드 충성도는 다음과 같은 심리적인 기능 측면에서 이해해야 한다고 주장하고 있다.

(1) 지식기능: 적어도 브랜드 충성도는 지식기능을 수행하게 되는데, 매번 구매를 하는데 있어서 다양한 경쟁상표들 중에 평가하고 결정해야 하는 필요성을 없애준다.

(2) 조정기능: 브랜드 충성도는 그것이 소비자에게 보상을 제시하

게 될 때 조정의 기능을 하게 된다. 그 보상은 제품속성에 대한 만족이나 제품사용과 관련된 사회적 안정 등으로부터 발생된다. 이런 경우 브랜드 충성도의 강도는 시용으로부터 보상의 중요성을 다양화시킨다.

(3) 가치표현기능: 가치표현 기능 서비스에서 브랜드 충성도는 비교적 강하게 나타나며, 이는 상표의 심리적 특성과 성과 속성 모두에 기초하게 된다. 이런 경우 소비자는 그들의 중심 가치를 상표에 두기 때문에 충성도의 정도가 강해지게 된다.

(4) 자아방어기능: 이 기능은 개인의 심리적 조정의 무의식적인 부분을 통해 이루어지는 본질적인 기능으로서 매우 강한 속성을 지닌다. 그러나 자아방어 기능의 특이한 특성 때문에 브랜드 충성도를 예측하기 매우 어렵다.

Aaker(1991)는 브랜드 충성도의 가치를 다음과 같이 설명하고 있다.

(1) 마케팅 비용의 감소: 브랜드 충성도를 가진 소비자 집단이 존재하면 사업을 운영하는데 있어 마케팅 비용을 절감시킬 수 있다. 이것은 새로운 고객을 끌어들이는 것보다 기존의 고객을 유지하는 것이 비용이 적게 들기 때문이다. 이것은 또한 경쟁자에게 비용적인 측면에서 상당한 시장 진입 장벽으로 작용하게 된다.

(2) 매장 진열 우위: 브랜드 충성도는 매장 진열 우위효과를 지니고 있다. 즉 강한 충성도를 가진 상표는 매장에서 좋은 진열대를 차지하게 마련이다. 이는 결국 소비자의 의사결정에 지대한 영향을 미치게 된다.

(3) 새로운 고객의 유치: 기존의 고객이 만족한다는 사실은 잠재고객에게 확신을 제공해 준다. 특히 신제품이나 구매의 위험에 따르는 제품의 경우 기존의 소비자들이 그 상표를 받아들이고 있다는 사실은 시장을 개척하기 위해서는 효과적인 메시지가 될 수 있다.

(4) 경쟁적 위협에 대응할 수 있는 여유: 브랜드 충성도는 기업에

게 경쟁적 위협에서 응전할 수 있는 시간, 즉 숨을 돌릴 수 있는 시간적 여유를 제공한다.

한편 Suresh(1993)는 브랜드 충성도의 중요성을 다음과 같이 설명하고 있다. 브랜드 충성도를 좀 더 잘 측정하고 이해하는 데에는 몇 가지 전략적인 이유가 있다. 첫째, 상표충성 소비자들의 구분은 세분시장을 위한 차별화된 마케팅 믹스를 결정하는 출발점이 된다. 둘째, 마케터에게 브랜드 충성도는 경쟁적 구분을 제공해 주며, 공격적인 경쟁자들에게 방어 기능을 제공해 준다. 셋째, 상표충성 소비자들의 이해는 일반 소비자 집단으로부터 심리적, 사회적, 인구통계적으로 유사한 충성 소지자 집단을 예측하는데 도움을 준다.

그리고 Schiffman와 Kanuk(1994)은 마케터들의 주요 관심사는 어떻게 하면 소비자의 브랜드 충성도를 향상 시키는가에 있으며, 상표충성 소비자들은 시장점유율 상승과 안정성을 제공하고, 이는 또한 기업의 무형자산이라고 주장하면서 소비자 구매 습관에 있어서 대규모 시장 점유율을 가진 상표들은 많은 충성 구매자 집단을 가진다는 연구 결과도 제시하고 있다.

브랜드 충성도는 특정 상표의 마케팅 변수시켰을 때 소비자의 반응을 예측할 수 있을 뿐만 아니라 높은 브랜드 충성도는 시장을 선점하고 경쟁자의 공격으로부터 소비자를 지키는 강력한 무기가 됨을 시사하였다. 즉 한마디로 브랜드 충성도는 기업의 이익과 직접 관계되는 중요한 지표가 된다고 주장하고 있다(노장오, 1993).

한편 소비자가 내부탐색만으로 상표결정을 하는 경우, 상표 충성적 결정(Brand loyalty decisions)이 된다고 한다(임종원 등, 1994). 이 사실은 기업에 중요한 시사점을 가져다준다. 따라서 소비자가 내부탐색만으로 구매를 고려할 때에 떠오르는 상표들 중의 하나가 되는 것은 아주 중요하다. 소비자가 구매할 때에 떠오르는 상표들이 환기 상표군(Evoked set)이고 그 중에서 구매에 고려하는 상표

군을 고려상표군(Consideration set)이라 하는데, 높은 브랜드 충성
도는 자연히 환기상표군에서 더 나아가서는 고려상표군에 포함되기
때문에 그만큼 비용과 노력의 절감효과를 가질 수 있는 것이라고
언급하고 있다.

　Griffin(1995)은 브랜드 충성도는 구체적으로 다음과 같은 5가지
측면에서 기업에게 비용절감의 효과를 가져다준다고 제시하고 있다.
　마케팅 비용의 감소, 협상이나 주문처리 등과 같은 거래비용의
절감, 소비자 인수비용의 감소, 좀 더 긍정적인 구전(口傳) 그리고
실패비용의 감소 등이다.

3) 브랜드 충성도의 측정방법

　브랜드 충성도에 접근하는 대부분의 연구자들이 가장 어렵게 생
각하는 분야 중의 하나가 바로 그것을 어떻게 측정할 것인가 하는
문제일 것이다. 이 분야에 대해서 오랜 전부터 많은 연구들이 이루
어졌으나 학자들마다 제 각기 다른 측정방법들을 제시하고 있다.
　Lopeland(1923)는 소비자가 단 하나의 상표만을 반복적으로 구매할 때
브랜드 충성도가 존재한다고 보았으나, Lipstein(1988)은 시장점유율이
75% 이상일 경우 브랜드 충성도가 있다고 보았고, Cunningham(1967)은
가장 자주 구매되는 하나의 상표에 대한 총 구매 비율이 전체의 50%가
넘을 경우 브랜드 충성도가 있다고 보았으며, 이중 브랜드 충성도(Dual-
brand loyalty) 즉, 가장 빈번히 구매된 2개 상표들의 누적비율을 사용하
였다. 그러나 Charton(1976)은 그 비율을 67%, 즉, 2/3기준을 제시하고
있다. 그러나 이러한 측정방법들은 대개 행동적인 측정방법에 불과했다.
즉, 이러한 방법들은 반복구매에 대한 측정방법으로 태도적인 측면의 측
정방법에 대해서는 언급하지 않았다.
　브랜드 충성도의 측정은 다음과 같이 세 가지 관점에서 정리 될

수 있을 것이다. 첫째, 행동을 대상으로 하는 행동적 측정방법, 둘째, 구매 의도나 선호도를 기초로 하는 태도적 측정방법, 셋째, 행동과 태도를 혼합한 복합적 측정방법 등이다. 물론 이러한 측정방법들 중에서 어느 방법을 택하느냐는 연구자들의 주관적인 사고에 따라 달라질 것이다. 본 논문에서는 이러한 방법들 중에서 행동과 태도를 혼합한 종합적인 방법을 택하였다.

그러나 종합적인 측정방법도 결국 행동과 태도를 측정하여 결합하는 형태이기 때문에 기존의 측정방법들과 크게 다를 것은 없다. 따라서 행동은 Cunningham이 주장한 이중 브랜드 충성도(Dual-brand loyalty)측정방법을 사용 하였으며, 태도는 Runyon et al.(1987)의 브랜드 선호도로서 측정하였다. 그러나 이러한 방법들이 완벽한 브랜드 충성도 측정방법이라는 것을 의미하는 것은 아니다.

4) 브랜드 충성도 관련 연구

김덕희(2000)는 국내에서 수집된 패널자료를 이용하여 구내 소비자들의 브랜드 충성도 수준을 측정하고, 브랜드 충성도와 구매가격 간의 관계를 검토하려는 탐색적 시도이다. 이를 위해 탄산음료와 씨리얼 자료를 대상으로 분석을 실시한 결과, 두 제품 모두에서 브랜드 충성도 수준은 높지 않은 것으로 나타났다.

이상욱(1996)의 연구에서는 브랜드 충성도를 반복구매의 정도와 충성적 태도로서 브랜드 충성도를 4가지 유형으로 구분하여 새로운 브랜드 충성도 유형구분 모형을 제시하였다.

진병호(1995)의 연구에서는 의복에 대한 상표충성 차원을 밝히고, 상표충성 형성모델을 제시하여, 상표충성 현상을 통합적으로 설명하였다.

조봉진과 정경애(1991)의 연구에서는 인지부조화와 브랜드 충성도의 관계를 규명하는 것을 목적으로, 인지부조화와 브랜드 충성도 간에는 부의 관계가 있다는 가설을 설정하고, 실증조사를 하여 인지부조화 정도와 브랜드 충성도 간에는 부의 관계가 있다는 것이 입증되었다.

구양숙과 권현주(2000)의 연구에서는 브랜드 충성도와 인구통계학적 변인과의 관계와 집단별로 브랜드 선택 시 중요시하는 속성을 살펴보고, 브랜드 이미지의 유사성 지각과 분석에 용이하도록 포지셔닝맵을 활동하여 나타났다. 그리고 속성별 브랜드 이미지의 선호를 파악하고 포지셔닝맵을 작성하였다.

민경혜(1999)의 연구에서는 소비자층 가운데서 유행과 상표에 대한 관념을 가장 중시한다고 보여지는 대학생들을 중심으로 소비자들의 제품에 대한 상표와 심리적 개입이 가장 큰 의류제품 중 캐주얼웨어를 연구대상으로 하여 소비자가 어떠한 브랜드 충성도를 갖는지 브랜드 충성도 형성에서 어떠한 요인들이 영향을 미치는지 등을 파악·분석하였다.

Ⅲ. 연구방법

1. 연구대상

이 연구의 대상은 네티즌이다. 이를 위해서 페이지 조회수(Page View)가 높은 상위 30위의 인터넷 홈페이지에서 얻은 전자우편(E-mail) 주소 중에서 만 19세 이상의 네티즌을 활용하였다. 페이지 조회수가 높은 상위 30위의 홈페이지를 보면 <표 2>와 같다.

<표 2> 페이지 조회수가 높은 상위 30위 홈페이지

순위	사이트명	Reach율 (%)	순위	사이트명	Reach율 (%)
1	다음	63.25	16	프리챌	25.14
2	야후코리아	53.42	17	네띠앙	22.81
3	네이버	49.86	18	한국일보	22.68
4	드림위즈	45.08	19	한미르 홈페이지	22.13
5	엠파스	42.49	20	조선일보	21.31
6	네띠앙 무료홈페이지	41.26	21	넷츠고	20.90
7	MSN	40.98	22	한게임	20.63
8	라이코스 코리아	37.30	23	인터피아98	19.40
9	다음카페	33.74	24	JOINS	18.31
10	트라이포드 무료홈 계정	33.47	25	SBS	17.76
11	한미르	32.65	26	옥션(주)	17.35
12	슈퍼보드	27.60	27	amail	17.21
13	아이러브스쿨	27.05	28	심마니	17.08
14	신비로	25.55	29	마이홈	16.12
15	천리안 홈타운	25.41	30	MBC	15.71

Reach율(%): 접속 가능한 총인구 가운데 접속한 인구수의 확률
출처: 2002년 5월 인터넷 순위 사이트 (http://www.100hot.co.kr)

2. 표집방법

이 연구에서 사용한 표집방법은 인터넷을 통한 표집방법이다. 이 방법은 인터넷의 성장과 더불어 새로운 데이터 수집 매체로 각광받고 있는 방법(김광용 & 김기수, 1999)으로 시장조사자 혹은 인터넷 연구자들에게 있어 새로운 조사수단으로서 인터넷의 활용에 활기를

불어넣고 있다(Batagelj & Vehovar, 1998; Hoffman & Novak, 1998; Lyer, 1996; Solomon, 1995; Watt, 1997).

　사회과학분야에서 진정한 의미의 단순무선표집법(Simple radom sampling)이 사용되는 경우는 거의 없다(채서일, 1996). 따라서 이 연구에서 사용할 표본추출법은 박명호와 김상우(2000), 채서일(1996)이 지적한 바와 같이 비확률표본추출법(Nonprobability sampling method) 중에서 편의표본추출법(Convenience random sampling)을 사용하였다. 설문지는 전자우편으로 보내고, 자유의사에 따라 자기평가기입법(Self-administration method)으로 작성한 후 돌려받을 것이다. 인터넷을 통한 설문조사는 전통적인 방법에 비해 저렴, 신속하고 양질의 데이터를 얻을 수 있다는 점에서 큰 장점을 가지고 있다(김광용 & 김기수, 1999). 인터넷을 설문조사도구로 활용하는 데 있어서 강점 중의 하나는 멀티미디어를 활용한 고도화된 설문 방법과 차이를 가진다는 이해에서 출발한다는 점(Berghel, 1996)과 특히 인터넷 사용자 인구가 폭발적으로 증가하고 있다는 점은 인터넷 설문조사의 미래에 대한 청신호가 되고 있다(김광용 & 김기수, 1999). Lyer(1996)는 인터넷 설문조사는 대중적인 조사도구로 사용이 확대될 것이라는 견해가 지배적이며, 특히 향후 5년 내에 설문조사의 대표적인 기법으로 이용될 것이라 주장하였다. 이 연구에서 계획한 인터넷 설문조사는 <그림 2>와 같은 구체적인 과정에 의해 수행하였다.

68

<그림 2> 인터넷 설문조사 과정

1) 웹 호스팅 선정

웹 호스팅(Web-hosting)은 수집된 전자우편을 보관하는 창고 즉, Database를 설치하기 위한 장소이며, 조사도구를 On-Line 상에 위치시키기 위해 반드시 필요한 부분이다. 때문에 설문항목에 응답한

응답자들의 답변이 수록될 수 있는 충분한 공간과, 응답자들에게
빠른 속도의 답변 환경을 만드는 과정이다. 이 연구에서는 이 두
가지를 충족 시켜줄 수 있는 호스팅 서비스를 선정하였다.

2) 웹 설문지 구성

웹(Web) 설문지는 사전조사를 통해서 타당도와 신뢰도가 검증된
설문지를 웹 설문지 전문가에게 의뢰하여 제작하였다. 참고적으로
<그림 3>은 웹 설문지의 예이다.

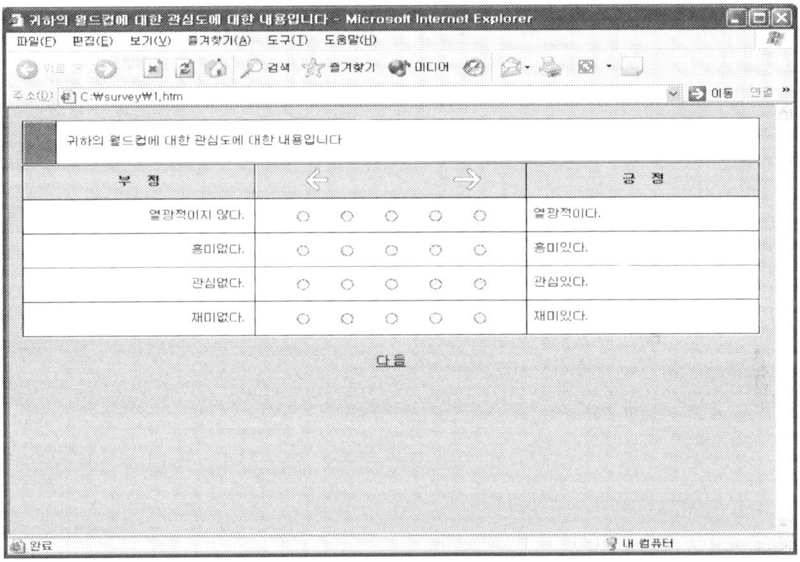

<그림 3> 웹 설문지

3) 전자우편 탐색 프로그램 제작

무엇보다 중요한 것은 보다 많은 표본을 확보하기 위해서 공개된

인터넷 이용자의 전자우편 주소를 확인하여 설문에 참여할 수 있도록 유도하는 것이다. 따라서 이 연구에서는 전자우편 주소 확인을 위해 탐색 로봇(Searching robot)을 제작하여 지정한 사이트에서 전자우편 주소를 입수한 후 이를 정리(Parsing)하여 발송하였다. <그림 4>는 공개된 전자우편을 탐색하기 위한 탐색 프로그램이다.

4) 전자우편 발송 및 웹 설문 초청 프로모션

인터넷 이용자들을 설문에 응하게 하기 위해서 설문에 참여한 응답자들을 추첨하여 경품을 제공한다는 소구문구를 통해 응답자들을 설문에 유인토록 하는 방법을 활용하였다(김기수 & 박신영, 1999). 따라서 이 연구에서도 응답자 중 10명을 추첨하여 문화상품권 및 도서상품권의 경품(일만 원 상당)을 제공하여 보다 많은 사용자가 설문에 참여할 수 있도록 하였다. <그림 5>는 웹 설문 초청 프로모션을 위한 프로그램의 예이다.

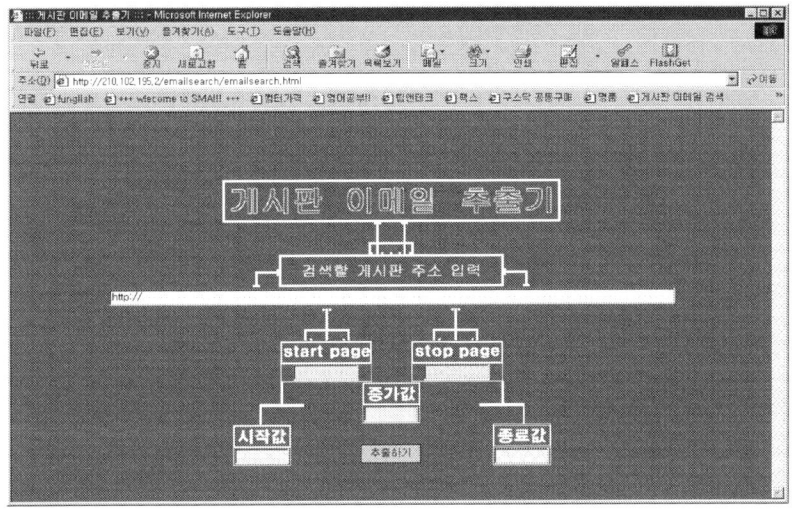

<그림 4> 전자우편 탐색 프로그램

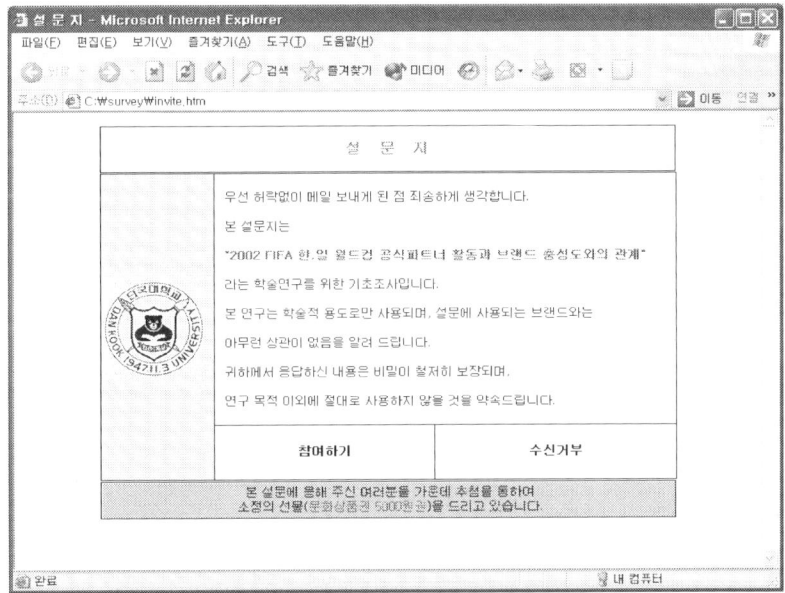

<그림 5> 웹 설문 초청 프로모션 프로그램

3. 연구 설계

이 연구는 스폰서십에 관련하여 다음의 두 가지 측면에서 설계되었다.

첫째는 월드컵 개최 전과 개최 후의 모형 변화를 비교하기 위해 월드컵 개최 전인 5월 30일에 1차 조사를 하고 월드컵 개최 후인 7월 1일에 2차 조사를 하였다.

둘째는 고관여 제품인 현대자동차와 저관여 제품인 코카콜라에 대한 모형을 비교하였다.

4. 조사도구

이 연구의 목적을 달성하기 위해 사용한 조사도구는 설문지이다. 설문지의 구체적인 요인별 구성내용을 보면 다음과 같다.

1) 설문지의 구성내용

(1) 스폰서십 활동

스폰서십 활동은 소비자 스스로 지각하는 스폰서십에 대한 활동으로써, Hindson(1990), Pope와 Voges(1994), 김용만(1997) 그리고 김용만(2001)이 사용한 15문항을 5점 리커트 척도(5-point Likert scale)로 구성하였다.

(2) 지각된 품질

지각된 품질은 Zeithaml(1988), Dodds와 Grewal(1991), Richardson과 Dick(1996) 그리고 김성배(1999)가 사용한 5문항을 5점 리커트 척도로 구성하였다.

(3) 브랜드 인지도

브랜드 인지도는 Keller(1993), Aaker(1996) 그리고 김태우(2000)가 사용한 4문항을 5점 리커트 척도로 구성하였다.

(4) 브랜드 이미지

브랜드 이미지는 Zeithaml(1988), Keller(1993), Aaker(1996) 그리고 김철희(1995)가 사용한 바 있는 설문지를 기능적 이미지를 제외(코카콜라의 기능적 이미지를 조사할 수 없으므로)한 사회적 이미지 3문항, 감각적 이미지 5문항을 5점 리커트 척도로 구성하였다.

(5) 브랜드 충성도

브랜드 충성도는 Keller(1993)와 김태우(2000)가 사용한 태도적 충성도 2문항, 행동적 충성도 3문항을 5점 리커트 척도로 구성하였다.

2) 사전조사

이 연구의 사전조사(Pilot study)는 인터넷을 사용하는 성인을 대상으로 제한하였다. 국내 홈페이지 가운데 페이지 조회수가 가장 높은 다음 커뮤니케이션 홈페이지 내에서 활동하고 있는 회원들을 대상으로 하여 편의표본추출법으로 얻은 응답자 223명 중 연구에 적절치 않은 3부를 제외시키고 220명을 대상으로 하였다.

5. 자료처리방법

표집한 전체 표본을 유효표본으로 선정하였으며, 이 자료를 가지고 자료처리를 하기 위해 SPSSWIN Ver.10.0과 AMOS 4.0을 사용하였다. 이 연구에서는 다음과 같은 통계방법을 이용하여 자료를 분석하였다.

첫째, 문항의 특성을 파악하기 위해서 기술 분석(Descriptive analysis)을 하였다.

둘째, 스폰서십 활동, 지각된 품질, 브랜드 인지도, 브랜드 이미지 그리고 브랜드 충성도의 인과관계를 규명하기 위해 공분산 구조 분석(Covariance structural analysis)을 하였다.

Ⅳ. 결　과

1. 연구대상의 특성

이 연구에 참여한 응답자들의 일반적 특성은 <표 3>에 나타난 바와 같다. 성별로는 1차 조사에 남자가 1,113명(52.7%), 여자가 999명(47.3%)으로 나타났고, 2차 조사에서는 남자가 1,254명(52.2%), 여자가 1,150명(47.8%)으로 나타났다. 직업별로는 1차 조사에 대학생 473명(22.4%), 직장인 807명(38.2%), 자영업 217명(10.3%), 무직 49명(2.3%), 전업주부 120명(5.7%), 기타 446명(21.1%)으로 나타났고, 2차 조사에서는 대학생 554명(23.0%), 직장인 977명(40.6%), 자영업 246명(10.2%), 무직 49명(2.0%), 전업주부 140명(5.8%), 기타 438명(18.2%)으로 나타났다. 연령 평균은 1차 조사가 28.7세, 2차 조사가 29.2세로 나타났다.

<표 3> 연구대상의 일반적 특성

항 목	구 분	인원(%)	
		1차 조사	2차 조사
성 별	남	1,113(52.7)	1,254(52.2)
	여	999(47.3)	1,150(47.8)
	계	2,112(100.0)	2,404(100.0)
직 업	대학생	473(22.4)	554(23.0)
	직장인	807(38.2)	977(40.6)
	자영업	217(10.3)	246(10.2)
	무 직	49(2.3)	49(2.0)
	전업주부	120(5.7)	140(5.8)
	기 타	446(21.1)	438(18.2)
	계	2,112(100.0)	2,404(100.0)
연 령(평균)		28.7	29.2

2. 신뢰도 분석

　신뢰도는 신뢰도 분석(Reliability analysis)을 이용하여 검정하였다. 그 결과 Cronbach's α 값을 보면 1차 조사에서 코카콜라가 .7804~.9342, 현대자동차가 .8245~.9312 사이에 위치함으로써 매우 높게 나타났고, 2차 조사에서는 코카콜라가 .5332~.9216, 현대자동차가 .7823~.9200으로 나타나 조사도구의 신뢰성을 확보하였다. 신뢰도 분석의 구체적인 결과는 <표 4>와 같다.

<표 4> 신뢰도 계수

요　　　인		문 항 수		신뢰도계수			
		코카콜라	현대자동차	코카콜라		현대자동차	
				1차	2차	1차	2차
스폰서십 활동	커뮤니케이션	6	6	.8888	.8874	.8835	.8778
	이미지 제고	5	5	.9342	.9216	.9312	.9200
	이벤트 기여	4	4	.8974	.8870	.8977	.8804
지각된 품질		5	5	.8855	.8030	.8549	.8348
브랜드 인지도		4	4	.8844	.8564	.8578	.8339
브랜드 이미지	감각적	5	5	.8449	.8104	.8800	.8711
	사회적	3	3	.7804	.7437	.8429	.8248
브랜드 충성도	행동적	3	3	.9091	.5332	.8646	.8466
	태도적	2	2	.8633	.8326	.8245	.7823

3. 확인요인 분석

　신뢰도 분석 결과를 거친 측정항목들에 대하여 연구단위별로 측정 모델(Measurement model)을 도출하기 위한 확인요인 분석(Confir-matory factor analysis: CFA)을 실시하였다. 확인요인 분석은 신뢰 도검증이 내적 일관성을 가정하지만 검증하지 못하기 때문에 널리 이용되고 있다. 각 단계별로 항목구성의 최적상태를 도출하기 위한 적합도를 평가하는 주요 이용지수는 다음 <표 5>와 같다.

　그런데 카이자승값과 표본크기는 매우 민감한 사항인데 표본크기 가 100~200범위 이내에 있을 때, 통계적으로 유의한 검증에 적절한

카이자승값을 얻을 수 있으며, 표본크기가 이 범위를 벗어날 때 계산되는 카이자승통계량은 신뢰하기 어렵다 할 수 있다(조선배, 1996).

<표 5> 적합도 판단지수

부합지수		최악모델	최적모델
절대부합지수	x^2 (카이자승 통계량)	확률값 0.05 이하	0.05 이상 (확률치가 큰 경우)
	GFI (기초적합치)	0	1
	AGFI (조정적합치)	0	1
	RMR (원소 간 평균차이)	0.05 이상	0.05 이하
증분부합지수	NFI (표준적합지수)	0	1
	NNFI (비표준적합지수)	0	1

출처: 김계수(2002). AMOS 구조방정식 모형분석. 서울: 데이터솔루션. p.108.

1) 1차 조사 코카콜라의 확인요인 분석 결과

스폰서십 활동의 하위요인인 커뮤니케이션 활동 6항목, 이미지 제고 활동 5항목, 이벤트 기여 활동 4항목을 대상으로 확인요인 분석한 결과 단일 차원성을 저해시키는 항목을 제거하였다. 제거한 후의 커뮤니케이션 활동 5항목을 확인요인 분석한 결과 $x^2 = 259.635$, 자유도(d.f)=5, p=0.000, GFI=0.951, AGFI=0.852, RMR=0.044, NFI=0.948, NNFI=0.898, CFI=0.949로 평가기준을 대체로 충족시켰다. Bollen(1989)에 의하면 샘플의 사이즈가 크면 CFI, NNFI의 값을 사용하여 평가하며 그것이 가장 적합한 지표로 인식되어 왔다고 한다. 이미지 제고 활동을 구성하는 5항목들을 대상으로 확인요인 분석을 한 결과 $x^2=457.710$, 자유도(d.f)=5, p=0.000, GFI=0.914, AGFI= 0.742, RMR=0.055, NFI=0.949, NNFI=0.900, CFI=0.950으로 평가 기준을 대체로 충족시켰다. 이벤트 기여 활동을 구성하는 4항목들을 대상으로 확인요인 분석을 한 결과 $x^2=37.687$, 자유도(d.f)=2, p= 0.000, GFI=0.992, AGFI=0.958, RMR=0.019, NFI=0.993, NNFI= 0.979, CFI=0.993으로 평가기준을 대체로 충족시켰다.

지각된 품질을 구성하는 5개 항목들을 대상으로 확인요인 분석을 한 결과 $x^2=254.224$, 자유도(d.f)=5, p=0.000, GFI=0.954, AGFI= 0.861, RMR=0.037, NFI=0.967, NNFI=0.934, CFI=0.967로 평가기 준을 대체로 충족시켰다.

브랜드 인지도를 구성하는 4개 항목들을 대상으로 확인요인 분석 을 한 결과 $x^2=248.741$ 자유도(d.f)=2, p=0.000, GFI=0.943, AGFI =0.717, RMR=0.052, NFI=0.950, NNFI=0.851, CFI=0.950으로 평 가기준을 대체로 충족시켰다.

<표 6> 1차 조사 코카콜라의 확인요인 분석 결과

모형	초기 항목	최종 항목	x^2	df	P	Q	GFI	AGFI	RMR	NFI	NNFI	CFI
커뮤니 케이션	6	5	259.635	5	0.000	51.927	0.951	0.852	0.044	0.948	0.898	0.949
이미지 제 고	5	5	457.710	5	0.000	91.542	0.914	0.742	0.055	0.949	0.900	0.950
이벤트 기 여	4	4	37.687	2	0.000	18.843	0.992	0.958	0.019	0.993	0.979	0.993
지각된 품 질	5	5	254.224	5	0.000	50.845	0.954	0.861	0.037	0.967	0.934	0.967
브랜드 인지도	4	4	248.741	2	0.000	124.371	0.943	0.717	0.052	0.950	0.851	0.950
사회적 이미지	3	3	–	–	–	–	–	–	–	–	–	–
감각적 이미지	5	5	248.799	5	0.000	49.760	0.954	0.861	0.063	0.945	0.892	0.946
태도적 충성도	2	2	–	–	–	–	–	–	–	–	–	–
행동적 충성도	3	3	–	–	–	–	–	–	–	–	–	–

　감각적 이미지를 구성하는 5개 항목들을 대상으로 확인요인 분석을 한 결과 x^2=248.799, 자유도(d.f)=5, p=0.000, GFI=0.954, AGFI=0.861, RMR=0.063, NFI=0.945, NNFI=0.892, CFI=0.946으로 평가기준을 대체로 충족시켰다.

2) 1차 조사 현대자동차의 확인요인 분석 결과

　스폰서십 활동의 하위요인인 커뮤니케이션 활동 6항목, 이미지 제고 활동 5항목, 이벤트 기여 활동 4항목을 대상으로 확인요인 분석한 결과 단일 차원성을 저해시키는 항목을 제거하였다. 제거한 후의 커뮤니케이션 활동 5항목을 확인요인 분석한 결과 x^2＝292.467, 자유도(d.f)＝5, p＝0.000, GFI＝0.945, AGFI＝0.834, RMR＝0.041, NFI＝0.941, NNFI＝0.884, CFI＝0.942로 평가기준을 대체로 충족시켰다. 이미지 제고 활동을 구성하는 5항목들을 대상으로 확인요인 분석을 한 결과 x^2＝554.514, 자유도(d.f)＝5, p＝0.000, GFI＝0.899, AGFI＝0.698, RMR＝0.048, NFI＝0.937, NNFI＝0.875, CFI＝0.937로 평가기준을 대체로 충족시켰다. 이벤트 기여 활동을 구성하는 4항목들을 대상으로 확인요인 분석을 한 결과 x^2＝50.583, 자유도(d.f)＝2, p＝0.000, GFI＝0.989, AGFI＝0.945, RMR＝0.021, NFI＝0.990, NNFI＝0.971, CFI＝0.990으로 평가기준을 대체로 충족시켰다.

지각된 품질을 구성하는 5개 항목들을 대상으로 확인요인 분석을 한 결과 x^2＝320.673, 자유도(d.f)＝5, p＝0.000, GFI＝0.942, AGFI＝0.826, RMR＝0.037, NFI＝0.953, NNFI＝0.907, CFI＝0.953로 평가기준을 대체로 충족시켰다.

브랜드 인지도를 구성하는 4개 항목들을 대상으로 확인요인 분석을 한 결과 x^2＝284.194 자유도(d.f)＝2, p＝0.000, GFI＝0.936, AGFI＝0.679, RMR＝0.087, NFI＝0.932, NNFI＝0.797, CFI＝0.932로 평가기준을 대체로 충족시켰다.

감각적 이미지를 구성하는 5개 항목들을 대상으로 확인요인 분석을 한 결과 x^2＝94.034, 자유도(d.f)＝5, p＝0.000, GFI＝0.983, AGFI＝0.948, RMR＝0.024, NFI＝0.983, NNFI＝0.969, CFI＝0.984로 평가기준을 대체로 충족시켰다.

<표 7> 1차 조사 현대자동차의 확인요인 분석 결과

모형	초기 항목	최종 항목	x^2	df	P	Q	GFI	AGFI	RMR	NFI	NNFI	CFI
커뮤니 케이션	6	5	292.467	5	0.000	58.493	0.945	0.834	0.041	0.941	0.884	0.942
이미지 제 고	5	5	554.514	5	0.000	110.903	0.899	0.698	0.048	0.937	0.875	0.937
이벤트 기 여	4	4	50.583	2	0.000	25.292	0.989	0.945	0.021	0.990	0.971	0.990
지각된 품 질	5	5	320.673	5	0.000	64.135	0.942	0.826	0.037	0.953	0.907	0.953
브랜드 인지도	4	4	284.194	2	0.000	142.097	0.936	0.679	0.087	0.932	0.797	0.932
사회적 이미지	3	3	–	–	–	–	–	–	–	–	–	–
감각적 이미지	5	5	94.034	5	0.000	18.807	0.983	0.948	0.024	0.983	0.969	0.984
태도적 충성도	2	2	–	–	–	–	–	–	–	–	–	–
행동적 충성도	3	3	–	–	–	–	–	–	–	–	–	–

3) 2차 조사 코카콜라의 확인요인 분석 결과

스폰서십 활동의 하위요인인 커뮤니케이션 활동 6항목, 이미지 제고 활동 5항목, 이벤트 기여 활동 4항목을 대상으로 확인요인 분석한 결과 단일 차원성을 저해시키는 항목을 제거하였다. 제거한 후의 커뮤니케이션 활동 5항목을 확인요인 분석한 결과 $x^2 = 206.807$, 자유도 (d.f)=5, p=0.000, GFI=0.965, AGFI=0.895, RMR=0.047, NFI= 0.963, NNFI=0.928, CFI=0.964로 평가기준을 대체로 충족시켰다. 이미지 제고 활동을 구성하는 5항목들을 대상으로 확인요인 분석을 한 결과 x^2＝358.272, 자유도(d.f)＝5, p＝0.000, GFI＝0.940, AGFI＝0.821, RMR＝0.078, NFI＝0.960, NNFI＝0.920, CFI＝0.960으로 평가기준을 대체로 충족시켰다. 이벤트 기여 활동을 구성하는 4항목들을 대상으로 확인요인 분석을 한 결과 x^2＝23.805, 자유도(d.f)＝2, p＝0.000, GFI＝0.992, AGFI＝0.975, RMR＝0.024, NFI＝0.995, NNFI＝0.988, CFI＝0.996으로 평가기준을 대체로 충족시켰다. 지각된 품질을 구성하는 5개 항목들을 대상으로 확인요인 분석을 한 결과 x^2＝326.613, 자유도(d.f)＝5, p＝0.000, GFI＝0.946, AGFI＝0.838, RMR＝0.086, NFI＝0.958, NNFI＝0.918, CFI＝0.959로 평가기준을 대체로 충족시켰다.

브랜드 인지도를 구성하는 4개 항목들을 대상으로 확인요인 분석을 한 결과 x^2＝172.346 자유도(d.f)＝2, p＝0.000, GFI＝0.965, AGFI＝0.825, RMR＝0.055, NFI＝0.962, NNFI＝0.886, CFI＝0.962로 평가기준을 대체로 충족시켰다.

감각적 이미지를 구성하는 5개 항목들을 대상으로 확인요인 분석을 한 결과 x^2＝41.730, 자유도(d.f)＝5, p＝0.000, GFI＝0.993, AGFI＝0.979, RMR＝0.045, NFI＝0.989, NNFI＝0.981, CFI＝0.990으로 평가기준을 대체로 충족시켰다.

<표 8> 2차 조사 코카콜라의 확인요인 분석 결과

모형	초기 항목	최종 항목	x^2	df	P	Q	GFI	AGFI	RMR	NFI	NNFI	CFI
커뮤니케이션	6	5	206.807	5	0.000	41.361	0.965	0.895	0.047	0.963	0.928	0.964
이미지 제고	5	5	358.272	5	0.000	71.654	0.940	0.821	0.078	0.960	0.920	0.960
이벤트 기여	4	4	23.805	2	0.000	11.902	0.995	0.975	0.024	0.995	0.988	0.996
지각된 품질	5	5	326.613	5	0.000	65.323	0.946	0.838	0.086	0.958	0.918	0.959
브랜드 인지도	4	4	172.346	2	0.000	86.173	0.965	0.825	0.055	0.962	0.886	0.962
사회적 이미지	3	3	–	–	–	–	–	–	–	–	–	–
감각적 이미지	5	5	41.730	5	0.000	8.346	0.993	0.979	0.045	0.989	0.981	0.990
태도적 충성도	2	2	–	–	–	–	–	–	–	–	–	–
행동적 충성도	3	3	–	–	–	–	–	–	–	–	–	–

4) 2차 조사 현대자동차의 확인요인 분석 결과

스폰서십 활동의 하위요인인 커뮤니케이션 활동 6항목, 이미지 제고 활동 5항목, 이벤트 기여 활동 4항목을 대상으로 확인요인 분석한 결과 단일 차원성을 저해시키는 항목을 제거하였다. 제거한 후의 커뮤니케이션 활동 5항목을 확인요인 분석한 결과 $x^2 = 281.339$, 자유도 (d.f)=5, p=0.000, GFI=0.953, AGFI=0.859, RMR=0.021, NFI= 0.947, NNFI=0.896, CFI=0.948로 평가기준을 대체로 충족시켰다. 이미지 제고 활동을 구성하는 5항목들을 대상으로 확인요인 분석을 한 결과 x^2=470.019, 자유도(d.f)=5, p=0.000, GFI=0.923, AGFI=0.796, RMR=0.034, NFI=0.947, NNFI=0.895, CFI=0.947로 평가기준을 대체로 충족시켰다. 이벤트 기여 활동을 구성하는 4항목들을 대상으로 확인요인 분석을 한 결과 x^2=38.316, 자유도(d.f)=2, p=0.000, GFI=0.992, AGFI=0.962, RMR=0.015, NFI=0.992, NNFI=0.978, CFI=0.993으로 평가기준을 대체로 충족시켰다.

지각된 품질을 구성하는 5개 항목들을 대상으로 확인요인 분석을 한 결과 x^2=312.258, 자유도(d.f)=5, p=0.000, GFI=0.950, AGFI=0.849, RMR=0.033, NFI=0.956, NNFI=0.913, CFI=0.957로 평가기준을 대체로 충족시켰다.

브랜드 인지도를 구성하는 4개 항목들을 대상으로 확인요인 분석을 한 결과 x^2=280.705 자유도(d.f)=2, p=0.000, GFI=0.945, AGFI=0.723, RMR=0.060, NFI=0.933, NNFI=0.800, CFI=0.933로 평가기준을 대체로 충족시켰다.

감각적 이미지를 구성하는 5개 항목들을 대상으로 확인요인 분석을 한 결과 x^2=113.798, 자유도(d.f)=5, p=0.000, GFI=0.982, AGFI=0.945, RMR=0.019, NFI=0.981, NNFI=0.963, CFI=0.982로 평가기준을 대체로 충족시켰다.

<표 9> 2차 조사 현대자동차의 확인요인 분석 결과

모형	초기 항목	최종 항목	x^2	df	P	Q	GFI	AGFI	RMR	NFI	NNFI	CFI
커뮤니 케이션	6	5	281.339	5	0.000	56.268	0.953	0.859	0.021	0.947	0.896	0.948
이미지 제 고	5	5	470.019	5	0.000	94.004	0.923	0.796	0.034	0.947	0.895	0.947
이벤트 기 여	4	4	38.316	2	0.000	19.158	0.992	0.962	0.015	0.992	0.978	0.993
지각된 품 질	5	5	312.258	5	0.000	62.452	0.950	0.849	0.033	0.956	0.913	0.957
브랜드 인지도	4	4	280.705	2	0.000	140.352	0.945	0.723	0.060	0.933	0.800	0.933
사회적 이미지	3	3	–	–	–	–	–	–	–	–	–	–
감각적 이미지	5	5	113.798	5	0.000	22.760	0.982	0.945	0.019	0.981	0.963	0.982
태도적 충성도	2	2	–	–	–	–	–	–	–	–	–	–
행동적 충성도	3	3	–	–	–	–	–	–	–	–	–	–

4. 상 관 분 석

측정모형의 분석 결과 단일차원성이 입증된 각 연구단위별 척도들에 대하여 서로의 관계가 어떤 방향이며, 어느 정도의 관계를 갖는지를 알아보기 위하여 상관 분석을 실시하였다.

1) 1차 조사 코카콜라의 상관 분석

<표 10>에서와 같이 1차 조사 코카콜라의 상관 분석은 모든 변수들의 관계가 모두 정(+)의 관계로 나타났다. 따라서 연구모형과 연구가설에서 제시한 변수들 간 관계의 방향은 일치하는 것으로 나타났다.

2) 1차 조사 현대자동차의 상관 분석

<표 11>에서와 같이 1차 조사 현대자동차의 상관 분석은 모든 변수들의 관계가 모두 정(+)의 관계로 나타났다. 따라서 연구모형과 연구가설에서 제시한 변수들 간 관계의 방향은 일치하는 것으로 나타났다.

<표 10> 코카콜라의 상관 분석 1차 조사

	평균	표준편차	1	2	3	4	5	6	7	8	9
커뮤니케이션	4.23	.81	1.000								
이미지 제고	3.19	1.08	.305*	1.000							
이벤트 기여	2.86	1.04	.239*	.653*	1.000						
브랜드 인지도	4.08	1.00	.376*	.416*	.351*	1.000					
지각된 품질	3.41	.94	.165*	.653*	.507*	.443*	1.000				
사회적 이미지	3.43	.97	.247*	.652*	.513*	.471*	.754*	1.000			
감각적 이미지	3.31	.91	.268*	.587*	.544*	.486*	.594*	.683*	1.000		
태도적 충성도	3.05	1.29	.156*	.635*	.486*	.372*	.684*	.677*	.608*	1.000	
행동적 충성도	3.23	1.23	.166*	.620*	.456*	.396*	.673*	.673*	.596*	.880*	1.000

* 상관계수는 0.01 수준(양쪽)에서 유의함.

<표 11> 현대자동차의 상관 분석 1차 조사

	평균	표준편차	1	2	3	4	5	6	7	8	9
커뮤니케이션	4.31	.75	1.000								
이미지 제고	3.51	.98	.361*	1.000							
이벤트 기여	2.98	1.05	.213*	.645*	1.000						
브랜드 인지도	3.82	1.02	.381*	.480*	.378*	1.000					
지각된 품질	3.57	.81	.205	.596*	.470*	.411*	1.000				
사회적 이미지	3.57	.91	.225*	.578*	.503*	.426*	.738*	1.000			
감각적 이미지	3.46	.87	.243*	.552*	.508*	.480*	.637*	.717*	1.000		
태도적 충성도	3.37	1.07	.185*	.589*	.489*	.428*	.673*	.666*	.673*	1.000	
행동적 충성도	3.21	1.06	.188*	.540*	.448*	.437*	.607*	.605*	.627*	.818*	1.000

* 상관계수는 0.01 수준(양쪽)에서 유의함.

3) 2차 조사 코카콜라의 상관 분석

<표 12>에서와 같이 2차 조사 코카콜라의 상관 분석은 모든 변수들의 관계가 모두 정(+)의 관계로 나타났다. 따라서 연구모형과 연구가설에서 제시한 변수들 간 관계의 방향은 일치하는 것으로 나타났다.

4) 2차 조사 현대자동차의 상관 분석

<표 13>에서와 같이 2차 조사 현대자동차의 상관 분석은 모든 변수들의 관계가 모두 정(+)의 관계로 나타났다. 따라서 연구모형과 연구가설에서 제시한 변수들 간 관계의 방향은 일치하는 것으로 나타났다.

<표 12> 코카콜라의 상관 분석 2차 조사

	평균	표준편차	1	2	3	4	5	6	7	8	9
커뮤니케이션	4.37	.94	1.000								
이미지 제고	3.35	1.31	.409*	1.000							
이벤트 기여	3.00	1.29	.361*	.665*	1.000						
브랜드 인지도	4.24	1.06	.410*	.444*	.402*	1.000					
지각된 품질	3.52	1.10	.259*	.658*	.509*	.456*	1.000				
사회적 이미지	3.61	1.14	.337*	.677*	.574*	.515*	.736*	1.000			
감각적 이미지	3.47	1.08	.365*	.653*	.599*	.527*	.647*	.735*	1.000		
태도적 충성도	3.44	1.39	.246*	.608*	.485*	.415*	.670*	.641*	.695*	1.000	
행동적 충성도	3.60	1.00	.221*	.573*	.431*	.378*	.599*	.600*	.621*	.794*	1.000

* 상관계수는 0.01 수준(양쪽)에서 유의함.

<표 13> 현대자동차의 상관 분석 2차 조사

	평균	표준편차	1	2	3	4	5	6	7	8	9
커뮤니케이션	4.64	.55	1.000								
이미지 제고	4.09	.82	.443*	1.000							
이벤트 기여	3.64	.89	.270*	.603*	1.000						
브랜드 인지도	4.29	.78	.412*	.462*	.364*	1.000					
지각된 품질	3.90	.71	.295*	.605*	.432*	.414*	1.000				
사회적 이미지	4.16	.79	.308*	.591*	.489*	.427*	.738*	1.000			
감각적 이미지	4.07	.75	.317*	.586*	.498*	.469*	.657*	.728*	1.000		
태도적 충성도	3.98	.90	.236*	.586*	.468*	.433*	.665*	.646*	.666*	1.000	
행동적 충성도	3.85	.90	.261*	.547*	.468*	.443*	.582*	.601*	.638*	.778*	1.000

* 상관계수는 0.01 수준(양쪽)에서 유의함.

5. 인과 분석 결과

1) 연구모형의 적합도 평가

연구모형을 검증하기 위해 AMOS 4.0을 활용하여 공분산 구조 분석을 하였다. AMOS의 장점은 LISREL과 달리, 경로모형을 행렬이 아닌 그림으로 쉽게 나타낼 수 있는 특징을 가지고 있다(김계수, 2002).

이 연구의 전체적 구조모형을 검증한 결과는 <표 14>와 같다. 이 모형은 앞서 언급한 구조방정식에서 일반적인 평가기준으로 삼는 지표들과 비교할 때 분석에 무리가 있을 것으로 판단되어 모형을 수정하였다.

<표 14> 기초모형의 적합도

모형	x^2	df	확률값	Q	GFI	AGFI	RMR	NFI	NNFI	CFI
1차 코카	6879.813	572	0.000	12.028	0.831	0.803	0.118	0.885	0.882	0.893
2차 코카	7294.328	573	0.000	12.730	0.830	0.802	0.124	0.877	0.875	0.886
1차 현대	7006.301	571	0.000	12.270	0.836	0.809	0.100	0.877	0.874	0.886
2차 현대	7379.034	571	0.000	12.923	0.844	0.818	0.068	0.876	0.872	0.884

이 연구에서 설정한 기초모형을 보면 <그림 6>과 같다. 이 기초모형을 관여제품과 월드컵 전후의 모형에 동일하게 적용하였다.

<그림 6> 기초모형

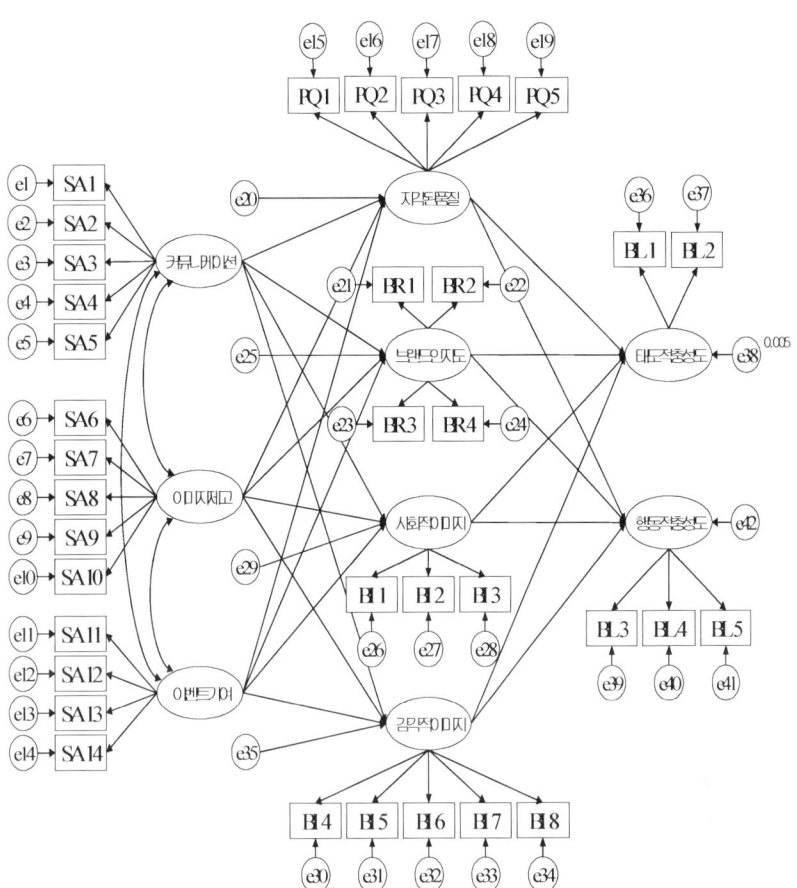

SA: Sponsorship activity, PQ: Perceived quality, BR: Brand recognition,
BI: Brand image, BL: Brand loyalty

<표 15> 수정모형의 적합도

모형	x^2	df	확률값	Q	GFI	AGFI	RMR	NFI	NNFI	CFI
1차 코카	4883.292	566	0.000	8.628	0.873	0.851	0.076	0.918	0.919	0.927
1차 현대	4704.739	566	0.000	8.312	0.883	0.862	0.063	0.917	0.918	0.927
2차 코카	5795.588	567	0.000	10.221	0.868	0.845	0.104	0.903	0.918	0.911
2차 현대	5068.577	566	0.000	8.955	0.889	0.870	0.046	0.915	0.915	0.923

<표 15>는 수정모형의 적합도이다. 앞서 언급한 바도 있고, 샘플의 사이즈가 크면 CFI, NNFI의 값을 사용하여 평가(Bollen, 1989)하는 것이 가장 적합한 지표로 인식되어 왔다는 기준에 따라 모형모두가 NNFI 지수와 CFI 지수가 .90 이상이므로 분석에는 무리가 없을 것으로 판단된다.

<그림 7>은 코카콜라 1차 조사의 수정모형이다.

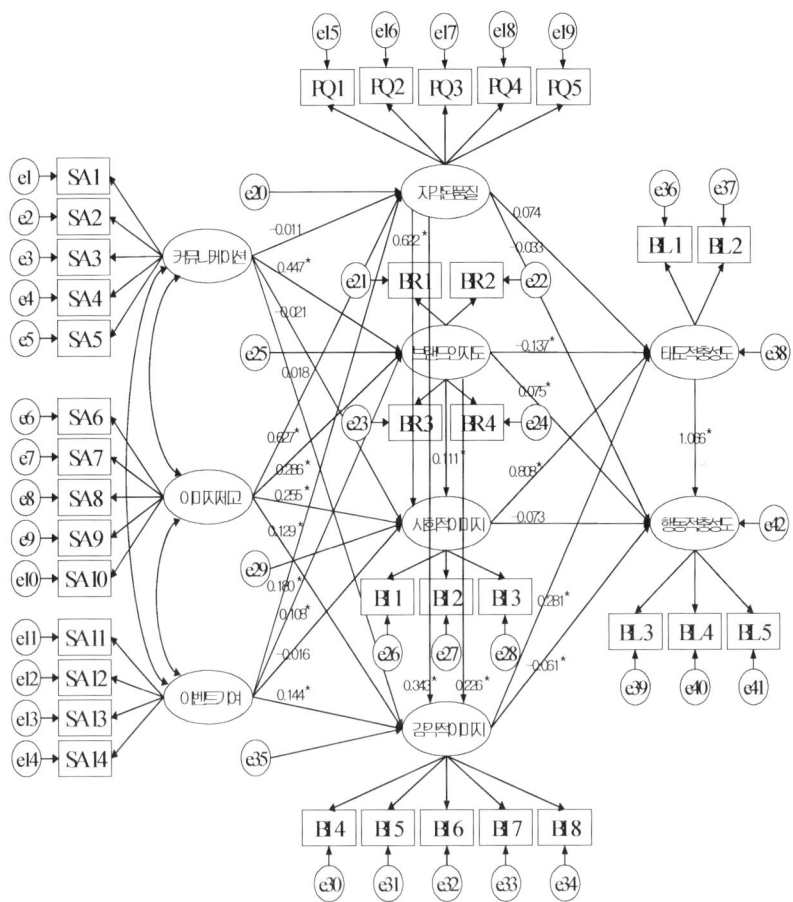

<그림 7> 코카콜라의 1차 조사 수정모형

<그림 8>은 코카콜라 2차 조사의 수정모형이다.

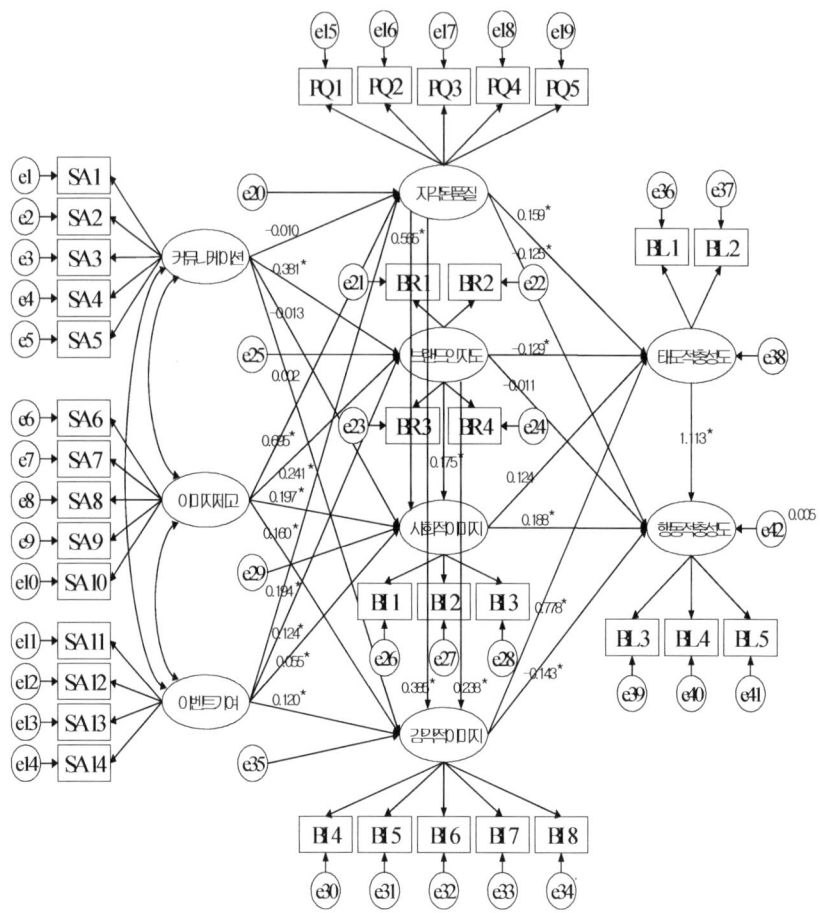

<그림 8> 코카콜라의 2차 조사 수정모형

<그림 9>는 현대자동차 1차 조사의 수정모형이다.

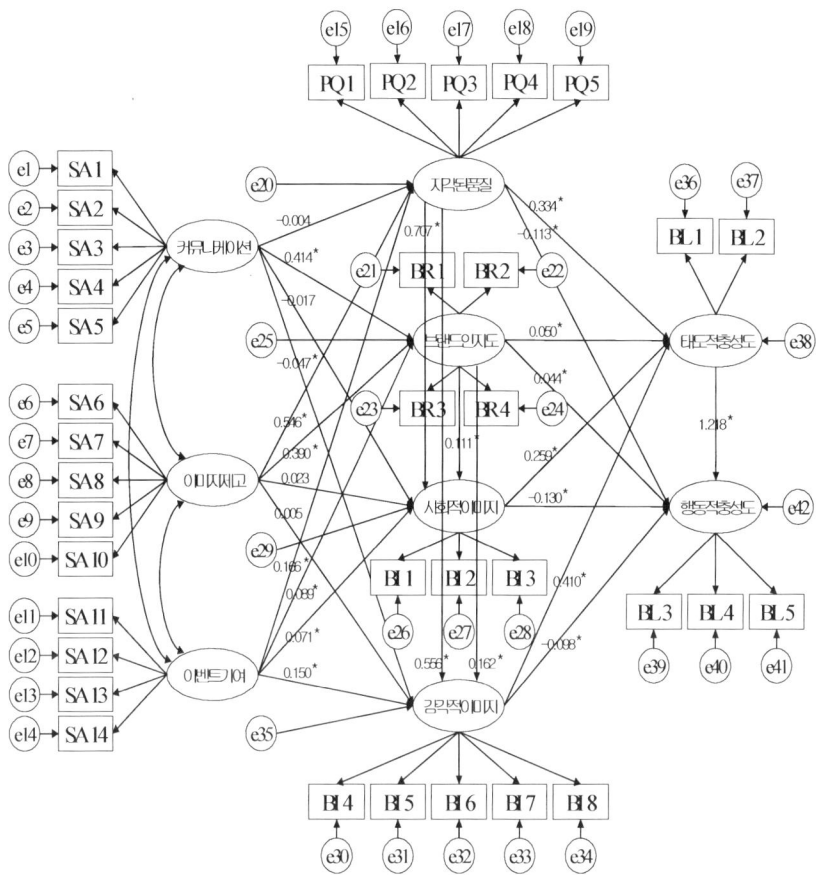

<그림 9> 현대자동차의 1차 조사 수정모형

이 모형 <그림 10>은 현대자동차 2차 조사의 수정모형이다.

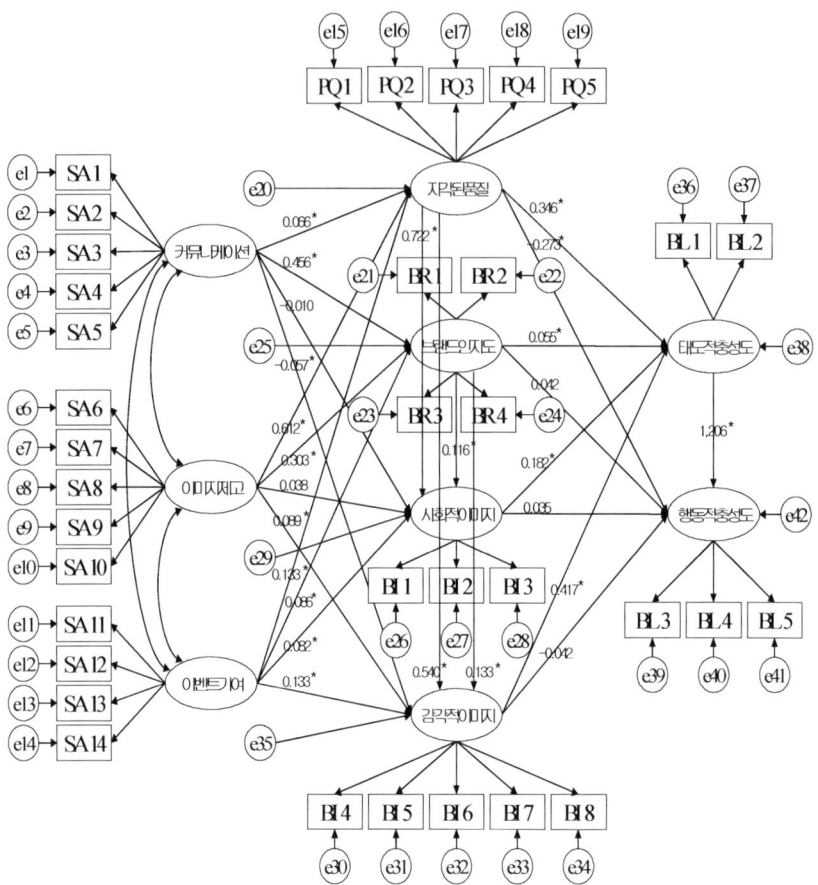

<그림 10> 현대자동차의 2차 조사 수정모형

<표 16> 1차 조사 코카콜라와 현대자동차의 적합도 비교

모형	x^2	df	확률값	Q	GFI	AGFI	RMR	NFI	NNFI	CFI
1차 코카콜라	4883.292	566	0.000	8.628	0.873	0.851	0.076	0.918	0.919	0.927
1차 현대자동차	4704.739	566	0.000	8.312	0.883	0.862	0.063	0.917	0.918	0.927

2) 코카콜라와 현대자동차의 적합도 비교

1차 조사의 코카콜라와 현대자동차의 적합도를 비교한 것은 <표 16>과 같다. 1차 조사 코카콜라의 부합지수를 보면 GFI(0.873), AGFI(0.851), RMR(0.076), NFI(0.918), NNFI(0.919), CFI(0.927)로 나타났으며, 1차 조사 현대자동차의 부합지수를 보면 GFI(0.883), AGFI(0.862), RMR(0.063), NFI(0.917), NNFI(0.918), CFI(0.927)로 나타났다. 이러한 결과를 통해서 코카콜라와 현대자동차의 1차 조사에서 적합도의 차이가 거의 없으나, 현대자동차가 더 적합한 모형이라는 것을 알 수 있다.

2차 조사의 코카콜라와 현대자동차의 적합도를 비교한 것은 <표 17>과 같다.

<표 17> 2차 조사 코카콜라와 현대자동차의 적합도 비교

모형	x^2	df	확률값	Q	GFI	AGFI	RMR	NFI	NNFI	CFI
2차 코카콜라	5795.588	567	0.000	10.221	0.868	0.845	0.104	0.903	0.918	0.911
2차 현대자동차	5068.577	566	0.000	8.955	0.889	0.870	0.046	0.915	0.915	0.923

<표 17>을 보면 2차 조사 코카콜라의 부합지수를 보면 GFI(0.868), AGFI(0.845), RMR(0.104), NFI(0.903), NNFI(0.918), CFI(0.911)로 나타났으며, 2차 조사 현대자동차의 부합지수를 보면 GFI(0.889), AGFI(0.870), RMR(0.046), NFI(0.915), NNFI(0.915), CFI(0.923)로 나타났다. 이러한 결과를 통해서 코카콜라와 현대자동차의 2차 조사에서 적합도의 차이가 거의 없으나, 현대자동차가 더 적합한 모형이라는 것을 알 수 있다.

3) 1차 조사와 2차 조사의 적합도 비교

코카콜라의 1차 조사와 2차 조사의 적합도를 비교한 것은 <표 18>과 같다. 코카콜라의 1차 조사 부합지수를 보면 GFI(0.873), AGFI(0.851), RMR(0.076), NFI(0.918), NNFI(0.919), CFI(0.927)로 나타났으며, 2차 조사 코카콜라의 부합지수를 보면 GFI(0.868), AGFI(0.845), RMR(0.104), NFI(0.903), NNFI(0.918), CFI(0.911)로 나타났다. 이러한 결과를 통해서 코카콜라 1차 조사와 2차 조사의 적합도 차이가 거의 없으나, 1차 조사가 더 적합한 모형이라는 것을 알 수 있다.

<표 18> 코카콜라의 1차 조사와 2차 조사 적합도 비교

모형	x^2	df	확률값	Q	GFI	AGFI	RMR	NFI	NNFI	CFI
1차 코카콜라	4883.292	566	0.000	8.628	0.873	0.851	0.076	0.918	0.919	0.927
2차 코카콜라	5795.588	567	0.000	10.221	0.868	0.845	0.104	0.903	0.918	0.911

<표 19> 현대자동차의 1차 조사와 2차 조사 적합도 비교

모형	x^2	df	확률값	Q	GFI	AGFI	RMR	NFI	NNFI	CFI
1차 현대자동차	4704.739	566	0.000	8.312	0.883	0.862	0.063	0.917	0.918	0.927
2차 현대자동차	5068.577	566	0.000	8.955	0.889	0.870	0.046	0.915	0.915	0.923

<표 19>는 현대자동차의 1차 조사와 2차 조사의 적합도를 비교한 것이다. 현대자동차의 1차 조사 부합지수를 보면 GFI(0.883), AGFI(0.862), RMR(0.063), NFI(0.917), NNFI(0.918), CFI(0.927)로 나타났으며, 2차 조사 현대자동차의 부합지수를 보면 GFI(0,889) AGFI(0.870), RMR(0.046), NFI(0.915), NNFI(0.915), CFI(0.923)로 나타났다. 이러한 결과를 통해서 현대자동차 1차 조사와 2차 조사의 적합도 차이가 거의 없으나, 1차 조사가 더 적합한 모형이라는 것을 알 수 있다.

6. 연구가설 검증

스폰서십 활동, 지각된 품질, 브랜드 인지도, 브랜드 이미지 그리고 브랜드 충성도와의 관계에 대한 수정모형에 대한 가설 검증 위하여 분석한 결과를 표로 나타내면 <표 20>, <표 21>과 같다.

<표 20> 코카콜라 1차, 2차 조사 가설검증 결과

가설			경로계수		S.E.		t값		채택여부	
			1차	2차	1차	2차	1차	2차	1차	2차
H1	커뮤니케이션	→ 지각된 품질	-0.011	-0.010	0.026	0.027	-0.424	-0.367	기각	기각
H2	이미지제고	→ 지각된 품질	0.627	0.695	0.029	0.031	21.280	22.442	채택	채택
H3	이벤트기여	→ 지각된 품질	0.180	0.194	0.029	0.029	6.153	6.656	채택	채택
H4	커뮤니케이션	→ 브랜드 인지도	0.447	0.381	0.032	0.029	13.941	13.346	채택	채택
H5	이미지제고	→ 브랜드 인지도	0.286	0.241	0.032	0.029	9.006	8.387	채택	채택
H6	이벤트기여	→ 브랜드 인지도	0.108	0.124	0.033	0.029	3.261	4.321	채택	채택
H7	커뮤니케이션	→ 사회적 이미지	-0.021	-0.013	0.021	0.023	-0.981	-0.562	기각	기각
H8	커뮤니케이션	→ 감각적 이미지	0.018	0.002	0.024	0.022	0.727	0.116	기각	기각
H9	이미지제고	→ 사회적 이미지	0.255	0.197	0.026	0.028	9.955	7.143	채택	채택
H10	이미지제고	→ 감각적 이미지	0.129	0.160	0.028	0.026	4.544	6.067	채택	채택
H11	이벤트기여	→ 사회적 이미지	-0.016	0.055	0.022	0.023	-0.753	2.411	기각	채택
H12	이벤트기여	→ 감각적 이미지	0.144	0.120	0.025	0.022	5.755	5.533	채택	채택
H13	지각된품질	→ 태도적 충성도	0.074	0.159	0.070	0.064	1.046	2.479	기각	채택

가설		경로계수		S.E.		t값		채택여부	
		1차	2차	1차	2차	1차	2차	1차	2차
H14	지각된 품질 → 행동적 충성도	-0.033	-0.125	0.047	0.060	-0.702	-2.074	기각	채택
H15	브랜드 인지도 → 태도적 충성도	-0.137	-0.129	0.028	0.032	-4.920	-4.058	채택	채택
H16	브랜드 인지도 → 행동적 충성도	0.075	-0.011	0.021	0.030	3.619	-0.353	채택	기각
H17	사회적 이미지 → 태도적 충성도	0.808	0.124	0.086	0.086	9.376	1.440	채택	기각
H18	사회적 이미지 → 행동적 충성도	-0.073	0.188	0.070	0.082	-1.041	2.300	기각	채택
H19	감각적 이미지 → 태도적 충성도	0.281	0.778	0.037	0.052	7.569	14.931	채택	채택
H20	감각적 이미지 → 행동적 충성도	-0.061	-0.143	0.030	0.058	-2.058	-2.475	채택	채택
H21	지각된 품질 → 사회적 이미지	0.622	0.565	0.022	0.022	28.152	25.892	채택	채택
H22	지각된 품질 → 감각적 이미지	0.343	0.385	0.023	0.021	15.079	18.668	채택	채택
H23	브랜드 인지도 → 사회적 이미지	0.111	0.175	0.018	0.021	6.209	8.488	채택	채택
H24	브랜드 인지도 → 감각적 이미지	0.226	0.238	0.020	0.021	11.331	11.597	채택	채택
H25	태도적 충성도 → 행동적 충성도	1.066	1.113	0.040	0.041	26.713	26.838	채택	채택

<표 21> 현대자동차 1차, 2차 조사 가설검증 결과

가설			경로계수		S.E.		t값		채택여부	
			1차	2차	1차	2차	1차	2차	1차	2차
H1	커뮤니케이션	→ 지각된 품질	-0.004	0.066	0.025	0.030	-0.153	2.207	기각	채택
H2	이미지제고	→ 지각된 품질	0.546	0.612	0.029	0.029	18.849	20.816	채택	채택
H3	이벤트기여	→ 지각된 품질	0.166	0.133	0.026	0.024	6.436	5.483	채택	채택
H4	커뮤니케이션	→ 브랜드 인지도	0.414	0.456	0.033	0.034	12.661	13.236	채택	채택
H5	이미지제고	→ 브랜드 인지도	0.390	0.303	0.035	0.031	10.996	9.780	채택	채택
H6	이벤트기여	→ 브랜드 인지도	0.089	0.086	0.032	0.027	2.743	3.184	채택	채택
H7	커뮤니케이션	→ 사회적 이미지	-0.017	-0.010	0.021	0.025	-0.794	-0.395	기각	기각
H8	커뮤니케이션	→ 감각적 이미지	-0.047	-0.057	0.023	0.026	-2.037	-2.166	채택	채택
H9	이미지제고	→ 사회적 이미지	0.023	0.038	0.026	0.026	0.875	1.457	기각	기각
H10	이미지제고	→ 감각적 이미지	0.005	0.089	0.029	0.027	0.178	3.329	기각	채택
H11	이벤트기여	→ 사회적 이미지	0.071	0.082	0.021	0.019	3.436	4.255	채택	채택
H12	이벤트기여	→ 감각적 이미지	0.150	0.133	0.023	0.020	6.585	6.615	채택	채택
H13	지각된 품질	→ 태도적 충성도	0.334	0.346	0.051	0.052	6.601	6.597	채택	채택

가설			경로계수 1차	2차	S.E. 1차	2차	t값 1차	2차	채택여부 1차	2차
H14	지각된 품질	→ 행동적 충성도	-0.113	-0.273	0.054	0.062	-2.107	-4.419	채택	채택
H15	브랜드 인지도	→ 태도적 충성도	0.050	0.055	0.020	0.021	2.567	2.605	채택	채택
H16	브랜드 인지도	→ 행동적 충성도	0.044	0.042	0.020	0.023	2.189	1.837	채택	기각
H17	사회적 이미지	→ 태도적 충성도	0.259	0.182	0.052	0.054	4.943	3.386	채택	채택
H18	사회적 이미지	→ 행동적 충성도	-0.130	0.035	0.055	0.059	-2.345	0.596	채택	기각
H19	감각적 이미지	→ 태도적 충성도	0.410	0.417	0.033	0.034	12.490	12.195	채택	채택
H20	감각적 이미지	→ 행동적 충성도	-0.098	-0.042	0.041	0.047	-2.400	-0.896	채택	기각
H21	지각된 품질	→ 사회적 이미지	0.707	0.722	0.023	0.022	30.938	33.280	채택	채택
H22	지각된 품질	→ 감각적 이미지	0.556	0.540	0.024	0.022	22.990	24.731	채택	채택
H23	브랜드 인지도	→ 사회적 이미지	0.111	0.116	0.017	0.018	6.485	6.312	채택	채택
H24	브랜드 인지도	→ 감각적 이미지	0.162	0.133	0.019	0.019	8.503	6.947	채택	채택
H25	태도적 충성도	→ 행동적 충성도	1.218	1.206	0.060	0.072	20.349	16.802	채택	채택

Ⅴ. 논의 및 결론

1. 논 의

1) 스폰서십 활동과 지각된 품질과의 관계

스폰서십 활동의 하위요인인 커뮤니케이션 활동과 지각된 품질의 관계 H1을 검증한 결과, 코카콜라 1차, 2차 조사와 현대자동차 1차 조사는 통계적으로 유의한 영향을 미치지 않는 것으로 나타났으나 현대자동차 2차 조사는 통계적으로 유의한 영향을 미치는 것으로 나타났다. 따라서 H1 코카콜라 1차, 2차 조사와 현대자동차 1차 조사는 기각되었고 현대자동차 2차 조사는 채택되었다. 이러한 결과는 김주영(1998)의 연구에서 인지된 광고비용과 점포분위기는 제품의 지각된 품질에 영향을 미치지 않는 것으로 나타났는데, 이 연구에서도 스폰서십 활동 중 커뮤니케이션 활동은 지각된 품질에 영향을 미치지 않는 것으로 나타났다. 이러한 결과는 제품의 품질에 대해 소비자들이 스폰서십 활동, 광고 그리고 점포분위기와 상관없이 직접적으로 품질을 평가하는 것으로 사료된다. 그런데 현대자동차에서 커뮤니케이션 활동과 지각된 품질의 관계가 월드컵 개최 후에 유의한 영향을 미치는 것으로 나타난 것은 월드컵 기간을 통하여 현대자동차에 대한 커뮤니케이션 활동 때문에 품질에 대해 긍정적으로 생각한다고 사료된다.

스폰서십 활동의 하위요인인 이미지 제고 활동과 지각된 품질의 관계 H2를 검증한 결과, 코카콜라 1차, 2차 조사와 현대자동차 1차,

2차 조사 모두 통계적으로 유의한 영향을 미치는 것으로 나타났다. 따라서 H2는 모두 채택되었다. 이러한 결과는 송용섭(1997)의 연구에서 스폰서십 광고가 제품태도에 유의한 영향을 미친다는 결과를 지지한다 할 수 있겠다. 왜냐하면 Olshavsky(1985)는 지각된 품질을 제품에 대한 전반적인 평가, 즉 태도와 유사한 개념이라 하기 때문이다.

스폰서십 활동의 하위요인인 이벤트 기여 활동과 지각된 품질의 관계 H3을 검증한 결과, 코카콜라 1차, 2차 조사와 현대자동차 1차, 2차 조사 모두 통계적으로 유의한 영향을 미치는 것으로 나타났다. 따라서 H3은 모두 채택되었다. Brooks(1998)는 인기 있는 운동선수가 보증하고 있는 제품의 소구력과 인지도, 제품의 신뢰도에 관한 연구를 한 바 있는데, 그 결과 소비자들은 제품을 구매할 때 자신들이 좋아하는 유명선수들의 이미지를 함께 구매하는 것으로 나타났다. 즉, 유명선수의 인지도 및 이미지가 제품의 브랜드 자산을 형성하며 따라서 인지도가 낮은 선수가 보증하는 제품의 소구력이 낮음을 지적하였다. 구인경(2000)의 연구에서도 스포츠 스폰서십이 제품태도에 긍정적인 영향을 미치는 것으로 나타났다.

2) 스폰서십 활동과 브랜드 인지도의 관계

커뮤니케이션 활동과 브랜드 인지도의 관계 H4를 검증한 결과, 코카콜라 1차, 2차 조사와 현대자동차 1차, 2차 조사 모두 통계적으로 유의한 영향을 미치는 것으로 나타났다. 따라서 H4는 모두 채택되었다. 이미지 제고와 브랜드 인지도의 관계 H5를 검증한 결과, 코카콜라 1차, 2차 조사와 현대자동차 1차, 2차 조사 모두 통계적으로 유의한 영향을 미치는 것으로 나타났다. 따라서 H5는 모두 채택되었다.

이벤트 기여 활동과 브랜드 인지도의 관계 H6을 검증한 결과, 코카콜라 1차, 2차 조사와 현대자동차 1차, 2차 조사 모두 통계적으로 유의한 영향을 미치는 것으로 나타났다. 따라서 H6은 모두 채택되었다. 이러한 결과는 Stotlar et al.(1998)의 연구 결과와 일치하는데 선수에 대한 관심과 선수가 보증하고 있는 제품에 대한 인지도를 표적시장별로 조사한 결과, 인지도가 높은 운동선수가 보증하고 있는 제품의 인지도가 높게 나타났으며, 대중매체에서 많이 다루고 있는 경기에 높은 인지도를 보였다고 지적하였다. 김용만(1998)은 이벤트에 스폰서십을 행하였을 경우의 효과에 대해서 연구하였는데, 월드컵 대표팀에 대한 스폰서십이 스폰서의 인지도 및 선호도에 긍정적인 영향을 미친다고 하였다. 천명환(1998)은 스포츠 후원광고와 비후원광고의 비교에서 스포츠 후원광고가 비후원광고에 비해 브랜드 인지도가 높다고 지적하였다. 김진영(1997), McDaniel(1997)과 Meenaghan(1991)은 스포츠 스폰서십이 인지도에 영향을 미칠 수 있다고 하였다. Gray(1996a)와 Gray(1996b)도 스폰서십에 참여할 경우 여러 가지 기대되는 효과가 있지만 그 중에서 기업 이미지를 상승 변화시키고 강화시킬 수 있으며, 브랜드 인지도를 높일 수 있다고 지적하였다.

3) 스폰서십 활동과 브랜드 이미지의 관계

커뮤니케이션 활동과 사회적 이미지의 관계 H7을 검증한 결과, 코카콜라 1차, 2차 조사와 현대자동차 1차, 2차 조사 모두 통계적으로 유의한 영향을 미치지 않는 것으로 나타났다. 따라서 H7은 모두 기각되었다. 이러한 결과는 김용만(1999)의 연구에서 스폰서십 프로그램에 참여하는 기업이 반드시 긍정적인 이미지 제고의 효과를 얻는다고 단언할 수 없다고 한 것은 부분적으로 수용하는 결과를 나타내는 결과와 일치하는 것으로 나타났다. Russel(1989)의 연구에서도 스포츠 팀의 운영이 반드시 스폰서에 긍정적인 영향을 미치지 않는다는 결과와 일치한다. 기업이 스폰서십에 참여하는 것이 제품의 평판이나 전통 그리고 고급품으로 여겨지는 것과는 많은 관계가 없다고 사료된다.

커뮤니케이션 활동과 감각적 이미지의 관계 H8을 검증한 결과, 코카콜라 1차, 2차 조사는 통계적으로 유의한 영향을 미치지 않는 것으로 나타났으며, 현대자동차 1차, 2차 조사는 통계적으로 유의한 영향을 미치는 것으로 나타났다. 따라서 H8 코카콜라 1차, 2차 조사는 기각되었고, 현대자동차 1차, 2차 조사는 채택되었다. McDaniel(1997)의 연구에서 기업이 스포츠 스폰서십에 참여함으로써 기대하는 효과가 브랜드 이미지에 영향을 미친다고 지적하였다. 이러한 결과는 코카콜라의 1차, 2차 조사와 다르게 나타났는데, 스폰서십에 참여함으로써 브랜드 이미지를 부각시킬 수도 있지만 그렇지 않은 경우도 있는 것으로 생각되고, 고관여 제품과 저관여 제품의 차이 때문이라고도 사료된다.

이미지 제고 활동과 사회적 이미지의 관계 H9를 검증한 결과, 코카콜라 1차, 2차 조사는 통계적으로 유의한 영향을 미치는 것으로 나타났고, 현대자동차 1차, 2차 조사는 통계적으로 유의하지 않은 것으로 나타났다. 따라서 H9 코카콜라 1차, 2차 조사는 채택되었고, 현대자동차 1차, 2차 조사는 기각되었다. 이러한 결과는 저관여 제품인 코카콜라에 대한 인식과 고관여 제품인 현대자동차의 차이점인 것으로 사료되는데, 가격이 저렴한 제품과 가격이 비싼 제품에 대한 소비자의 생각이 다르기 때문이라 사료된다.

이미지 제고 활동과 감각적 이미지의 관계 H10을 검증한 결과, 코카콜라 1차, 2차 조사와 현대자동차 2차 조사는 통계적으로 유의한 영향을 미치는 것으로 나타났고, 현대자동차 1차 조사는 통계적으로 유의하지 않은 것으로 나타났다. 따라서 H10 코카콜라 1차, 2

차 조사와 현대자동차 2차 조사는 채택되었고, 현대자동차 1차 조사는 기각되었다. 이러한 결과는 이미지 제고 활동이 감각적 이미지에 영향을 미치는 것인데, 월드컵 개최 전 현대자동차의 조사에서는 이미지 제고 활동이 감각적 이미지에 영향을 미치지 않는 것으로 나타났으나, 월드컵이 끝난 후에 유의한 영향을 미치는 것으로 나타났다. 이는 월드컵 기간을 통해 현대자동차에 대한 인식이 긍정적으로 변한 것으로 사료된다.

이벤트 기여 활동과 사회적 이미지의 관계 H11을 검증한 결과, 코카콜라 1차 조사는 통계적으로 유의한 영향을 미치지 않은 것으로 나타났고, 코카콜라 2차 조사와 현대자동차 1차, 2차 조사는 통계적으로 유의한 영향을 미치는 것으로 나타났다. 따라서 H11 코카콜라 1차 조사는 기각되었고, 코카콜라 2차 조사와 현대자동차 1차, 2차 조사는 채택되었다. 이러한 결과는 앞의 가설 11과 같은 결과로 월드컵을 통해 코카콜라에 대한 소비자의 인식이 긍정적으로 변한 것으로 사료된다.

이벤트 기여 활동과 감각적 이미지의 관계 H12를 검증한 결과, 코카콜라 1차, 2차 조사와 현대자동차 1차, 2차 조사 모두 통계적으로 유의한 영향을 미치는 것으로 나타났다. 따라서 H12는 모두 채택되었다. 이러한 결과는 백진우(2000)의 연구 중 스포츠 스폰서십은 스포츠가 지니고 있는 역동적인 이미지, 권위 그리고 가치 등이 브랜드에 효과적으로 연계됨으로써 충성도를 포함한 브랜드 자산 가치를 증대시킬 수 있다고 지적한 것과 일치한다. 박평식(1999)은 기업이 스포츠 스폰서십을 통해서 스포츠의 특정 이미지를 기업이나 브랜드에 전이시킴으로써 기업이 의도하는 메시지를 효과적으로 목표 집단에 전달할 수 있다고 한다. 그리고 McDanald(1991)는 스포츠 스폰서십이 스폰서 이미지에 미치는 긍정적인 영향을 설명하였는데 이러한 결과와 일치하는 것으로 사료된다.

4) 지각된 품질과 브랜드 충성도의 관계

지각된 품질과 태도적 충성도의 관계 H13을 검증한 결과, 코카콜라 1차 조사는 통계적으로 유의한 영향을 미치지 않는 것으로 나타났고, 코카콜라 2차 조사와 현대자동차 1차, 2차 조사 모두 통계적으로 유의한 영향을 미치는 것으로 나타났다. 따라서 H13 코카콜라 1차 조사는 기각되었고, 코카콜라 2차 조사와 현대자동차 1차, 2차 조사는 채택되었다.

지각된 품질과 행동적 충성도의 관계 H14를 검증한 결과, H13과 같은 결과가 나타났다. 이러한 결과는 김성배(1999)의 연구의 결과와 일치하는데 지각된 품질이 높을수록 브랜드선호는 높게 나타난다고 한다. 박유식과 한명희(2001)의 연구에서는 지각된 품질이 구매 의도에 영향을 미치는 것으로 나타났고, Dodds와 Kent(1985), Monroe(1990) 그리고 Dodds와 Grewal(1991)도 지각된 품질은 구매 의도에 직접적인 영향을 미친다고 하였다. Aaker(1991)는 지각된 품질이 구매결정과 브랜드 충성도에 직접적인 영향을 미친다고 주장하였으며, 특히 구매자의 동기부여가 낮은 경우에는 지각된 품질이 구매결정에 결정적인 요인으로 작용한다고 주장하였다.

5) 브랜드 인지도와 브랜드 충성도의 관계

브랜드 인지도와 태도적 충성도의 관계 H15를 검증한 결과, 코카콜라 1차, 2차 조사와 현대자동차 1차, 2차 조사 모두 통계적으로 유의한 영향을 미치는 것으로 나타났다. 따라서 H15는 모두 채택되었다. 이러한 결과는 Necunga(1990)의 연구에서 브랜드 인지도는 잠재구매자가 어떤 한 제품부류의 특정 브랜드를 재인식 또는 상기할 수 있는 능력으로써, 브랜드 인지도는 소비자에게 제품에 대한 친숙성과 신뢰성을 제공해 준다고 한다. 그리고 브랜드 인지도가 높으면 고려브랜드군에 포함될 확률이 높아지게 되므로 이에 따른 구매가능성도 함께 높아지게 되며, 브랜드 인지도가 높은 브랜드를 신제품에 이용하면 소비자들에게 브랜드인식을 높여 줌으로써 제품의 이미지나 정보를 신속하게 전달시킬 수 있다고 한다. 특히 관여도가 낮은 제품들의 경우에는 브랜드 인지도가 구매결정을 좌우한다고 하였다.

브랜드 인지도와 행동적 충성도의 관계 H16을 검증한 결과, 코카콜라 1차 조사와 현대자동차 1차 조사는 통계적으로 유의한 영향을 미치는 것으로 나타났고, 코카콜라 2차 조사와 현대자동차 2차 조사는 통계적으로 유의하지 않은 것으로 나타났다. 따라서 H16 코카콜라 1차 조사와 현대자동차 1차 조사는 채택되었고, 코카콜라 2차 조사와 현대자동차 2차 조사는 기각되었다. 월드컵 개최 전 조사에서 코카콜라와 현대자동차의 브랜드 인지도와 행동적 충성도의 관계가 긍정적으로 영향을 미치는 것으로 나타났다. 이러한 결과는 Turco(1996)의 연구에서 브랜드 인지도를 높이는 것은 물론 계속해서 충성스런 제품 소비를 유도할 수 있다고 지적한 바와 같이 나타났다. Keller(1993)의 연구에서도 브랜드 인지도는 소비자의 구매의사 결정과정에서 중요한 역할을 한다고 주장하였다. 최동궁과 박영봉(2002)의 연구에도 브랜드 인지도는 브랜드 충성도에 긍정적인 영향을 미치는 것으로 나타났다. 월드컵이 끝난 이후 코카콜라와 현대자동차의 브랜드 인지도가 행동적 충성도에 영향을 미치지 않은 결과는 응답자들의 차이에서 나타난 결과로 사료된다.

6) 브랜드 이미지와 브랜드 충성도의 관계

브랜드 이미지의 하위요인인 사회적 이미지와 태도적 충성도의 관계 H17을 검증한 결과, 코카콜라 1차 조사와 현대자동차 1차, 2

차 조사는 통계적으로 유의한 영향을 미치는 것으로 나타났고, 코카콜라 2차 조사는 통계적으로 유의한 영향을 미치지 않는 것으로 나타났다. 따라서 H17 코카콜라 1차 조사와 현대자동차 1차, 2차 조사는 채택되었고, 코카콜라 2차 조사는 기각되었다. 이러한 결과는 코카콜라와 현대자동차에 대해 평판, 전통 그리고 고급품에 대한 인식이 높으면 선호하고 좋아한다고 나타났다. 그런데 월드컵이 끝난 후 조사에서 코카콜라의 사회적 이미지가 태도적 충성도에 영향을 미치지 않는 결과는 월드컵 기간 중 코카콜라에 대한 광고나 홍보 등이 부족한 것으로 사료된다.

사회적 이미지와 행동적 충성도의 관계 H18을 검증한 결과, 코카콜라 1차 조사와 현대자동차 2차 조사는 통계적으로 유의한 영향을 미치지 않는 것으로 나타났고, 코카콜라 2차 조사와 현대자동차 1차 조사는 통계적으로 유의한 영향을 미치는 것으로 나타났다. 따라서 H18 코카콜라 1차 조사와 현대자동차 2차 조사는 기각되었고, 코카콜라 2차 조사와 현대자동차 1차 조사는 채택되었다. 이러한 결과는 월드컵 기간 중 현대자동차에 대한 광고나 홍보 등이 부족했던 것으로 사료된다.

브랜드 이미지의 하위요인인 감각적 이미지와 태도적 충성도의 관계 H19를 검증한 결과, 코카콜라 1차, 2차 조사와 현대자동차 1차, 2차 조사 모두 통계적으로 유의한 영향을 미치는 것으로 나타났다. 따라서 H19는 모두 채택되었다. 이러한 결과는 최동궁과 박영봉(2002)의 연구와도 일치하는데 브랜드 이미지가 브랜드 충성도에 긍정적인 영향을 미치는 것으로 나타났다.

감각적 이미지와 행동적 충성도의 관계 H20을 검증한 결과, 코카콜라 1차, 2차 조사와 현대자동차 1차 조사는 통계적으로 유의한 영향을 미치는 것으로 나타났고, 현대자동차 2차 조사는 통계적으로 유의한 영향을 미치지 않는 것으로 나타났다. 따라서 H20 코카콜라 1차, 2차 조사와 현대자동차 1차 조사는 채택되었고, 현대자동차 2차 조사는 기각되었다. 이러한 결과도 가설 17, 18과 같은 결과로 사료된다. 김준희(1999)의 연구에서 브랜드연상은 브랜드와 연관된 기억을 말하는 것으로써, 브랜드연상은 기억 속에서 브랜드 이미지를 인출하는 단서역할을 한다고 한다. 브랜드연상은 소비자에게 호감을 불러일으킴으로 브랜드에 대한 긍정적인 감정을 유발하며, 특히 소비자가 어느 한 브랜드를 구매 혹은 사용한 경험이 많거나 커뮤니케이션에 많이 노출된 경우에는 브랜드연상이 구매결정에 강력한 영향을 미친다고 한다. 이정준(1996)의 연구에서도 긍정적인 브랜드태도는 구매 의도에 영향을 미치며, 반복구매에도 영향을 미친다고 하였다.

7) 지각된 품질과 브랜드 이미지의 관계

지각된 품질과 사회적 이미지의 관계 H21을 검증한 결과, 코카콜라 1차, 2차 조사와 현대자동차 1차, 2차 조사 모두 통계적으로 유의한 영향을 미치는 것으로 나타났다. 따라서 H21은 모두 채택되었다.

지각된 품질과 감각적 이미지의 관계 H22를 검증한 결과, 코카콜라 1차, 2차 조사와 현대자동차 1차, 2차 조사 모두 통계적으로 유의한 영향을 미치는 것으로 나타났다. 따라서 H22는 모두 채택되었다. 이러한 결과는 김주영(1998)의 연구와 일치하는데 지각된 품질은 브랜드 이미지에 영향을 미치는 것으로 나타났다.

8) 브랜드 인지도와 브랜드 이미지의 관계

브랜드 인지도와 사회적 이미지의 관계 H23을 검증한 결과, 코카콜라 1차, 2차 조사와 현대자동차 1차, 2차 조사 모두 통계적으로 유의한 영향을 미치는 것으로 나타났다. 따라서 H23은 모두 채택되었다.

브랜드 인지도와 감각적 이미지의 관계 H24를 검증한 결과, 코카콜라 1차, 2차 조사와 현대자동차 1차, 2차 조사 모두 통계적으로 유의한 영향을 미치는 것으로 나타났다. 따라서 H24는 모두 채택되었다. 이러한 결과 브랜드 인지도는 브랜드 이미지를 연결해 주는 연상 매체로서의 역할을 한다(마케팅커뮤니케이션연구회, 1998). 김태우(2000)는 브랜드 이미지는 브랜드 인지도에 의해 형성되며, 브랜드 인지도만으로도 브랜드선호가 형성될 수 있다고 지적하였고, 전반적인 브랜드 인지도는 브랜드 충성도에 영향을 미친다고 주장하였다. 유필화, 김용준과 한상만(1998)의 연구에서도 브랜드 인지도가 높은 브랜드가 한층 더 강력하고 호의적이며 독특한 브랜드 이미지를 보다 많이 가질 수 있다고 하였다. 최동궁과 박영봉(2002)의 연구에서도 브랜드 인지도는 브랜드 이미지에 긍정적인 영향을 미치는 것으로 나타났다.

9) 태도적 충성도와 행동적 충성도의 관계

브랜드 충성도의 하위요인인 태도적 충성도와 행동적 충성도의 관계 H25를 검증한 결과, 코카콜라 1차, 2차 조사와 현대자동차 1차, 2차 조사 모두 통계적으로 유의한 영향을 미치는 것으로 나타났다. 따라서 H25는 모두 채택되었다. 이러한 결과는 긍정적인 브랜드태도는 구매 의도에 영향을 미치며(김용만 & 박세혁, 2000; Laroche & Brisoux, 1989; Laroche, Kim, & Zhou, 1996), 반복구매 의도에도 영향을 미친다(이정준, 1996)는 결과와 일치한다. Hawkins et al.(1983)은 브랜드 충성도와 반복구매가 연속적인 개념으로써 상호연관성이 있다고 지적하였다. 김태우(2000)의 연구에서는 브랜드 선호도가 구매경험 없이도 생기는 특정 제품이나 브랜드에 대한 선호적인 태도적 차원이라면 브랜드 충성도는 구매경험을 통한 만족과 그에 따른 일관된 선호로서의 행동적 차원이라고 말할 수 있다하였고, 브랜드 선호도가 브랜드 충성도에 영향을 미친다고 하였다. 김진영(1997)의 연구에서는 상표에 대한 태도가 구매 의도에 통계적으로 긍정적인 영향을 미친다고 한다.

2. 결   론

1) 요   약

이 연구는 2002 한·일 월드컵의 스폰서십 활동, 지각된 품질, 브랜드 인지도, 브랜드 이미지 그리고 브랜드 충성도의 관계를 규명하는 데 목적이 있다. 즉, 2002 한·일 월드컵의 세계적 공식스폰서 중에서 고관여 제품과 저관여 제품의 인과모형과 월드컵 개최 전과 개최 후의 인과모형을 비교하는 것이 이 연구의 목적이다. 이러한 목적을 달성하기 위한 연구의 대상은 네티즌이다. 이를 위해 페이지 조회수가 높은 상위 30위의 인터넷 홈페이지에서 얻은 전자우편 주소 중에서 만 19세 이상의 네티즌을 활용하여 월드컵 개최 전 5월 30일 1차 조사 응답자 2,112명과 월드컵 개최 후인 7월 1일 2차 조사 응답자 2,404명을 활용하였다.

자료처리는 SPSSWIN 10.0과 AMOS 4.0을 이용하여 기술 분석과 공분산 구조 분석을 하였다. 이상의 연구방법과 절차에 의해 다음과 같은 결론을 얻었다.

(1) 스폰서십 활동과 지각된 품질과의 관계

스폰서십 활동의 하위요인인 커뮤니케이션 활동과 지각된 품질의 관계에서 코카콜라 1차, 2차 조사와 현대자동차 1차 조사는 통계적으로 유의한 영향을 미치지 않는 것으로 나타났고, 현대자동차 2차 조사는 통계적으로 유의한 것으로 나타났다.

스폰서십 활동의 하위요인인 이미지 제고와 지각된 품질의 관계는 코카콜라 1차, 2차 조사와 현대자동차 1차, 2차 조사 모두 통계적으로 유의한 영향을 미치는 것으로 나타났다. 스폰서십 활동의 하위요인인 이벤트 기여와 지각된 품질의 관계는 코카콜라 1차, 2차 조사와 현대자동차 1차, 2차 조사 모두 통계적으로 유의한 영향을 미치는 것으로 나타났다.

(2) 스폰서십 활동과 브랜드 인지도의 관계

커뮤니케이션 활동과 브랜드 인지도의 관계는 코카콜라 1차, 2차 조사와 현대자동차 1차, 2차 조사 모두 통계적으로 유의한 영향을 미치는 것으로 나타났다. 이미지 제고와 브랜드 인지도의 관계에서도 코카콜라 1차, 2차 조사와 현대자동차 1차, 2차 조사 모두 통계적으로 유의한 영향을 미치는 것으로 나타났다. 이벤트 기여와 브랜드 인지도의 관계도 코카콜라 1차, 2차 조사와 현대자동차 1차, 2차 조사 모두 통계적으로 유의한 영향을 미치는 것으로 나타났다.

(3) 스폰서십 활동과 브랜드 이미지의 관계

커뮤니케이션 활동과 사회적 이미지의 관계는 코카콜라 1차, 2차 조사와 현대자동차 1차, 2차 조사 모두 통계적으로 유의한 영향을 미치지 않는 것으로 나타났다. 커뮤니케이션 활동과 감각적 이미지의 관계에서 코카콜라 1차, 2차 조사는 통계적으로 유의한 영향을 미치지 않는 것으로 나타났고, 현대자동차 1차, 2차 조사는 통계적으로 유의한 영향을 미치는 것으로 나타났다. 이미지 제고와 사회적 이미지의 관계에서 코카콜라 1차, 2차 조사는 통계적으로 유의한 영향을 미치는 것으로 나타났고, 현대자동차 1차, 2차 조사는 통계적으로 유의하지 않은 것으로 나타났다

이미지 제고와 감각적 이미지의 관계에서 코카콜라 1차, 2차 조사와 현대자동차 2차 조사는 통계적으로 유의한 영향을 미치는 것으로 나타났고, 현대자동차 1차 조사는 통계적으로 유의하지 않은 것으로 나타났다. 이벤트 기여와 사회적 이미지의 관계에서 코카콜라 1차 조사는 통계적으로 유의한 영향을 미치지 않은 것으로 나타났고, 코카콜라 2차 조사와 현대자동차 1차, 2차 조사는 통계적으로 유의한 영향을 미치는 것으로 나타났다. 이벤트 기여와 감각적 이미지의 관계를 검증한 결과, 코카콜라 1차, 2차 조사와 현대자동차 1차, 2차 조사 모두 통계적으로 유의한 영향을 미치는 것으로 나타났다.

(4) 지각된 품질과 브랜드 충성도의 관계

지각된 품질과 태도적 충성도의 관계에서 코카콜라 1차 조사는 통계적으로 유의한 영향을 미치지 않는 것으로 나타났고, 코카콜라 2차 조사와 현대자동차 1차, 2차 조사는 통계적으로 유의한 영향을 미치는 것으로 나타났다. 지각된 품질과 행동적 충성도의 관계에서 코카콜라 1차 조사는 통계적으로 유의한 영향을 미치지 않는 것으로 나타났고, 코카콜라 2차 조사와 현대자동차 1차, 2차 조사는 통계적으로 유의한 영향을 미치는 것으로 나타났다.

(5) 브랜드 인지도와 브랜드 충성도의 관계

브랜드 인지도와 태도적 충성도의 관계는 코카콜라 1차, 2차 조사와 현대자동차 1차, 2차 조사 모두 통계적으로 유의한 영향을 미치는 것으로 나타났다. 브랜드 인지도와 행동적 충성도의 관계에서

코카콜라 1차 조사와 현대자동차 1차 조사는 통계적으로 유의한 영향을 미치는 것으로 나타났고, 코카콜라 2차 조사와 현대자동차 2차 조사는 통계적으로 유의하지 않은 것으로 나타났다.

(6) 브랜드 이미지와 브랜드 충성도의 관계

브랜드 이미지의 하위요인인 사회적 이미지와 태도적 충성도의 관계에서 코카콜라 1차 조사와 현대자동차 1차, 2차 조사는 통계적으로 유의한 영향을 미치는 것으로 나타났고, 코카콜라 2차 조사는 통계적으로 유의한 영향을 미치지 않는 것으로 나타났다. 사회적 이미지와 행동적 충성도의 관계에서 코카콜라 2차 조사와 현대자동차 1차 조사는 통계적으로 유의한 영향을 미치는 것으로 나타났고, 코카콜라 1차 조사와 현대자동차 2차 조사는 통계적으로 유의한 영향을 미치지 않는 것으로 나타났다. 브랜드 이미지의 하위요인인 감각적 이미지와 태도적 충성도의 관계는 코카콜라 1차, 2차 조사와 현대자동차 1차, 2차 조사 모두 통계적으로 유의한 영향을 미치는 것으로 나타났다.

감각적 이미지와 행동적 충성도의 관계에서 코카콜라 1차, 2차 조사와 현대자동차 1차 조사는 통계적으로 유의한 영향을 미치는 것으로 나타났고, 현대자동차 2차 조사는 통계적으로 유의한 영향을 미치지 않는 것으로 나타났다.

(7) 지각된 품질과 브랜드 이미지의 관계

지각된 품질과 사회적 이미지의 관계는 코카콜라 1차, 2차 조사와 현대자동차 1차, 2차 조사 모두 통계적으로 유의한 영향을 미치는 것으로 나타났다. 지각된 품질과 감각적 이미지의 관계는 코카콜라 1차, 2차 조사와 현대자동차 1차, 2차 조사 모두 통계적으로 유의한 영향을 미치는 것으로 나타났다.

(8) 브랜드 인지도와 브랜드 이미지의 관계

브랜드 인지도와 사회적 이미지의 관계는 코카콜라 1차, 2차 조사와 현대자동차 1차, 2차 조사 모두 통계적으로 유의한 영향을 미치는 것으로 나타났다. 브랜드 인지도와 감각적 이미지의 관계는 코카콜라 1차, 2차 조사와 현대자동차 1차, 2차 조사 모두 통계적으로 유의한 영향을 미치는 것으로 나타났다.

(9) 태도적 충성도와 행동적 충성도의 관계

브랜드 충성도의 하위요인인 태도적 충성도와 행동적 충성도의 관계는 코카콜라 1차, 2차 조사와 현대자동차 1차, 2차 조사 모두 통계적으로 유의한 영향을 미치는 것으로 나타났다.

(10) 코카콜라와 현대자동차의 모형의 적합도 비교

코카콜라와 현대자동차의 모형 적합도 비교에서 1차 조사와 2차 조사 모두 모형의 적합도의 차이는 거의 없으나 현대자동차가 더 적합한 모형으로 나타났다.

(11) 개최 전과 개최 후의 모형의 적합도 비교

코카콜라의 개최 전과 개최 후의 모형비교와 현대자동차의 개최 전과 개최 후의 모형의 적합도 비교에서 차이는 거의 없으나 개최 전이 더 적합한 모형으로 나타났다.

결론적으로 월드컵과 같은 큰 이벤트 파트너로 참여하는 기업은 커뮤니케이션 활동, 이미지 제고 활동 그리고 이벤트 기여 활동을 높일 수 있다. 뿐만 아니라 지각된 품질, 브랜드 인지도, 브랜드 이미지 그리고 브랜드 충성도를 긍정적으로 제고시켜 소비자들의 구매 욕구를 자극하여 판매신장을 이루는 촉진전략으로 발전시킬 가치가 있다. 그리고 월드컵 공식파트너로 참가하는 기업들은 월드컵 경기 자체가 가지고 있는 특징을 기업이나 브랜드에 전이시키려는 마케팅적 노력이 보다 요구 되어지며, 월드컵 공식파트너로 참여에 있어서는 상업적이라는 시각을 변화시키기 위한 프로그램의 개발이 시급하고 브랜드자산에 영향을 미치는 부분에 있어 기업이 참여한 월드컵뿐만 아니라 여러 스포츠에 걸친 최대의 효과를 창출 할 수 있는 전반적인 부분의 노력이 필요할 것이다.

2) 제 언

이 연구는 다음과 같은 점에서 한계점을 가지고 있으며, 이에 따라 미래의 연구방향을 제시하고자 한다.

첫째, 이 연구에서는 대상을 네티즌으로 제한하였다. 그러므로 연구의 결과가 전체 스포츠 소비자를 대표할 수 있느냐는 표본의 대표성 문제를 제기할 수 있다. 향후의 연구에서는 다른 대상으로 연구를 실시하여 보다 다양한 결과를 제시하는 것이 필요하겠다.

둘째, 이 연구에서는 스폰서십 활동, 지각된 품질, 브랜드 인지도, 브랜드 이미지 그리고 브랜드 충성도의 관계는 연속적 관계로 볼 수 있으며, 월드컵 개최 전과 개최 후의 조사에서 시간적으로 선후 관계가 있다. 이러한 점을 감안하면 앞으로 횡단적인 연구가 아니라 종단적 연구가 있어야 할 것이다.

셋째, 이 연구는 월드컵파트너에 참여하는 기업에 대한 스폰서십 활동, 지각된 품질, 브랜드 인지도, 브랜드 이미지 그리고 브랜드 충성도를 조사하였기 때문에 국내스포츠 이벤트 및 보다 소규모의 이벤트에 적용하는데 한계가 있을 것으로 사료된다.

넷째, 이 연구에서는 x^2 값에 대한 유의성은 낮았다. 그러나 공분산 구조 분석에서는 표본의 크기가 크면 x^2의 값은 중요하지 않다고 보고, 적합도가 조금 낮게 나타난 것은 본 연구의 한계점으로 볼 수 있으나 표본의 크기가 크면 CFI, NNFI의 값을 사용하여 평가(Bollen, 1989)하는 것이 가장 적합한 지표로 인식되어 왔다는 기준에 따라 모형 모두가 NNFI지수와 CFI지수가 .90 이상이므로 분석에는 무리가 없을 것으로 판단된다.

다섯째, 앞에서 제시한 한계점을 고려하여 향후의 연구에서는 스폰서십 활동, 지각된 품질, 브랜드 인지도, 브랜드 이미지 그리고 브랜드 충성도에 대한 보다 폭넓고 타당한 측정도구의 개발과 여러 가지 상황변수를 고려한 연구가 실시되어야 할 것이며 기업은 월드컵 공식파트너로 활동하면서 참여효과를 얻는다고 생각된다. 그러나 월드컵파트너의 권리를 지나치게 상업적으로 활용한다는 인상을 주는 것은 오히려 기업 이미지에 부정적인 영향을 미칠 것으로 판단된다. 그러한 점을 고려한 스폰서십 커뮤니케이션의 대안을 제시하는 보다 세분화된 후속연구가 이루어져야 할 것이다.

참고문헌

강신도(1999). 스포츠 스폰서쉽을 이용한 광고 효과에 관한 연구. 미간행 석사학위논문. 동국대학교대학원.

구양숙, 권현주(2000). 상표충성도에 따른 여성복 브랜드 포지셔닝. 대한가정학회지, 38(10), 85-95.

구인경(2000). 스포츠 마케팅의 마케팅 커뮤니케이션 효과에 관한 연구. 미간행 석사학위논문. 숙명여자대학교대학원.

김계수(2002). AMOS 구조방정식 모형분석. 서울: 데이터솔루션.

김광용, 김기수(1999). 인터넷 설문조사를 통한 사이버 쇼핑몰 디자인에 관한 실증연구. 한국경영정보학연구, 9(2), 133-150.

김기수, 박신영(1999). 인터넷 설문조사 방법을 통한 고객만족 및 기업 이미지 제고에 관한 실증 연구. [On-line]. Available: http://www.kisri.re.kr.96d.html.

김덕희(2000). 소비자 패널 자료를 이용한 행동적 상표애호도의 측정 및 가격판촉에 대한 반응 분석. 미간행 박사학위논문. 인하대학교대학원.

김문숙(1982). 서울거주 여성의 외국상표 인지도 및 선호도에 관한 연구. 미간행 석사학위논문. 이화여자대학교대학원.

김미겸(2001). 브랜드 이미지가 소비자의 제품구매 의사결정에 미치는 영향에 관한 연구. 미간행 석사학위논문. 경희대학교대학원.

김성권(1996). 상표애호도의 유형별 전략에 관한 연구. 미간행 박사학위논문. 전북대학교대학원.

김성배(1999). 정보단서가 유통업자 상표의 지각품질, 지각희생 및 선호도에 미치는 영향. 미간행 석사학위논문. 홍익대학교대학원.

김수잔, 박영준(1997). 스포츠 스폰서십의 발전, 이익과 선택기준. 한국스포츠행정·경영학회지, 2(2), 47-63.

김숙자, 박성연, 박재홍, 홍양자, 이경옥, 함정혜(1999). 지역사회체육 활성화를 위한 기업과 지역사회의 스폰서십 활성화 방안. 국민체육진흥공단 체육과학연구원. 서울: 태창문화사.

김용만(1997). 스포츠 스폰서십 활동이 대학생의 구매행동에 미치는 영향. 한국체육학회지, 36(3), 233-240.

김용만(1998). 월드컵축구대표팀 스폰서십이 스폰서 인지도 및 상표 선호도에 미치는 영향. 한국스포츠행정·경영학회지, 3(1), 15-30.

김용만(1999). 프로농구 관중 태도가 타이틀 스폰서십 효과에 미치는 영향. 한국체육학회지, 38(4), 745-758.

김용만(2001). 성공적 스포츠 이벤트를 위한 스포츠 스폰서십 프로그램의 효과적 수행과 관리 방안. 한국체육학회지, 40(1), 657-675.

김용만(2002). 스포츠마케팅 커뮤니케이션. 서울: 학현사.

김용만, 박세혁(2000). 올림픽에 대한 태도가 공식 스폰서 제품의 구매의도에 미치는 영향. 한국체육학회지, 39(1), 703-717.

김용만, 박세혁, 전호문(2000). 스포츠마케팅. 서울: 학현사.

김정기(1999). 브랜드 현저성과 인지도가 브랜드 회상에 미치는 영향에 관한 실증적 연구. 미간행 석사학위논문. 서울시립대학교대학원.

김정현(1996). 신세대 소비 집단의 패션 상표 인지와 선택에 영향

을 미치는 요인에 관한 연구. 미간행 석사학위논문. 고려대
학교대학원.

김주영(1998). 브랜드자산형성에 영향을 미치는 변수들에 관한 연
구. 미간행 석사학위논문. 영남대학교대학원.

김주용(1998). 스포츠를 이용한 마케팅유형, 관여도, 지식수준이 기
업의 광고효과에 미치는 영향에 관한 연구: 서울지역 고교
생을 중심으로. 미간행 석사학위논문. 연세대학교대학원.

김주호(1999). 브랜드자산 측정에 대한 실증연구 및 광고가 브랜드자
산 구축에 미치는 영향분석. 광고학 연구, 10(1), 183-209.

김준희(1999). 브랜드 확장요인이 소비자태도에 미치는 영향에 관
한 연구. 미간행 박사학위논문. 청주대학교대학원.

김진영(1997). 스포츠 마케팅의 커뮤니케이션 효과에 관한 연구:
스폰서십을 중심으로. 미간행 석사학위논문. 중앙대학교대
학원.

김철희(1996). 국제 상표이미지 전략에 관한 연구. 미간행 석사학
위논문. 서울대학교대학원.

김치조(1997). 스포츠 · 레저 산업론. 서울: 21세기 교육사.

김태우(2000). 브랜드자산 형성과정에 관한 연구. 미간행 박사학위
논문. 동아대학교대학원.

김혜영(1999). 스폰서십이 레저 스포츠 활성화에 미치는 영향에
관한 연구. 미간행 박사학위논문. 세종대학교대학원.

노장오(1994). 브랜드 마케팅. 서울: 사계절.

대한올림픽위원회(1993). 스포츠마케팅 세미나. 미간행자료집.

도희수(2000). 스포츠 스폰서십이 기업의 광고효과에 미치는 영
향. 미간행 석사학위논문. 경희대학교대학원.

126

마케팅 커뮤니케이션 연구회(1992). 브랜드 자산의 전략적 관리. 서울: 나남출판사.

민경혜(1999). 상표추성도가 캐주얼웨어 구매행동에 미치는 영향. 문화연구, 3, 32-52.

민경훈, 정영남(1999). 스포츠 스폰서쉽 효과. 한국사회체육학회지, 12(하권), 1033-1048.

박명호, 김상우(2000). 마케팅리서치. 서울: 경문사.

박영민, 육종술(1995). 기업과 경기 단체간 스포츠 스폰서십 성향 비교. 제33회 학국체육학회 학술발표회논문집, 201-208.

박영웅(1999). 브랜드 네임이 제품평가 및 구매에 미치는 영향. 미간행 석사학위논문. 연세대학교대학원.

박유식, 한명희(2001). 인터넷 쇼핑몰에서 위험지각과 품질지각이 구매의도에 미치는 영향. 마케팅연구, 16(1), 59-84.

박은경(1999). 스포츠 팀이 기업 이미지 및 제품구매 의도에 미치는 영향에 관한 연구. 미간행 석사학위논문. 명지대학교대학원.

박평식(2000). 효과적인 Sports event sponsorship에 관한 연구. 미간행 석사학위논문. 서울대학교대학원.

배선근(2001). 기업이 프로골프 경기대회 스폰서십 목적과 참여 후 효과에 관한 연구. 미간행 석사학위논문. 단국대학교대학원.

백진우(2000). 소비자들에게 인식된 스포츠 스폰서쉽 요인과 구매 의도와의 관계. 미간행 석사학위논문. 연세대학교대학원.

설민신(1999). 2002년 월드컵대회 스폰서십 구조 변화에 따른 대기업의 스포츠 마케팅 전략에 관한 제언적 고찰. 한국사회체육학회지, 12, 1095-1107.

송용섭(1997). 스포츠마케팅의 커뮤니케이션 효과에 관한 연구. 미간행 석사학위논문. 중앙대학교대학원.

송해룡(1993). 스포츠 커뮤니케이션론. 서울: 전예원.

신인철(1998). 스포츠 스폰서쉽 마케팅의 커뮤니케이션과 구매행동. 미간행 석사학위논문. 국민대학교산업대학원.

심재영, 이창민(1998). 스포츠 스폰서십을 하는 기업의 이미지와 스포츠 이미지와의 상관관계에 관한 연구. 한국스포츠행정·경영학회지, 3(2), 163-174.

심정식(1998). 기업의 프로스포츠 경기 스폰서십 목적과 선택기준에 관한 분석. 미간행 석사학위논문. 한국체육대학교대학원.

안광호, 하영원, 박홍수(2002). 마케팅 원론. 서울: 학현사.

안광호, 한상민, 전성률(2000). 전략적 브랜드 관리. 서울: 학현사.

엄정호(1999). 스포츠팀과 기업 이미지의 상관관계에 관한 연구. 미간행 석사학위논문. 영남대학교대학원.

유동근(1991). 촉진관리론. 서울: 미래경영.

유필화, 김용준, 한상만(1998). 현대마케팅론. 서울: 박영사.

육종술(1993). Sports Marketing을 위한 Sponsorship Model 개발. 미간행 석사학위논문. 고려대학교대학원.

윤훈현(1989). 현대소비자 행동론. 서울: 석정.

이상욱(1996). 상표 애호도의 전략적 유형 구분에 관한 연구. 미간행 박사학위논문. 단국대학교대학원.

이상학(1999). 가격, 소비자 집단, 브랜드가 제품평가에 미치는 영향. 미간행 석사학위논문. 한국항공대학교대학원.

이승훈(1998). 스포츠 스폰서쉽이 청소년 스포츠음료 구매행동에 미치는 영향. 미간행 석사학위논문. 한양대학교대학원.

이유리(1994). 의류제품에 대한 소비자의 상품 지향성. 미간행 석사학위논문. 서울대학교대학원.

이유재(2000). 서비스마케팅. 서울: 학현사.

이정준(1996). 브랜드 자산 가치 측정 방안에 관한 연구. 미간행 석사학위논문. 연세대학교대학원.

이종영(1997). 한국측 입장에서 본 2002년 월드컵축구대회 한일 공동개최의 의의 및 과제. 2002년 월드컵축구대회 한일 공동개최 국제학술 심포지엄, 39-53.

이학식, 안광호, 하영원(2000). 소비자행동. 서울: 법문사.

일간스포츠(2001. 4월 7일). 최고인기 스포츠는 축구. 일간스포츠, 8.

임명욱(1998). 스포츠 스폰서쉽 광고의 효과. 미간행 석사학위논문. 중앙대학교대학원.

임종원 김재일, 홍성태, 이유재(1994). 소비자행동론. 서울: 경문사.

정원(1999). 마케팅 커뮤니케이션 도구로서 후원이 기업 이미지에 미치는 영향에 관한 연구. 미간행 석사학위논문. 한양대학교대학원.

조동명(1984). 상품 브랜드가 구매행동에 미치는 영향. 미간행 석사학위논문. 이화여자대학교대학원.

조봉진, 정경애(1991). 인지부조화와 상표충성도의 관계에 관한 연구. 소비자학연구, 2(2), 70-83.

조선배(1996). LISREL 구조방정식모델. 서울: 영지문화사.

조연철, 이정섭, 이재우, 이달원, 이동원(2001). 스포츠 경영. 서울: 도서출판 금광.

진병호(1995). 의류제품에 대한 상표충성의 차원과 형성모델. 미간행 박사학위논문. 연세대학교대학원.

채서일(1996). 마케팅조사론. 서울: 학현사.

천명환(1998). 스포츠 스폰서십의 광고효과에 관한 연구. 미간행 석사학위논문. 부산대학교대학원.

체육과학연구원(1999). 지역사회체육 활성화를 위한 기업과 지역사회의 스폰서십 활성화 방안. 국민체육진흥공단 체육과학연구원. 서울: 태창문화사.

최동궁, 박영봉(2002). 웹 특성 변수가 웹 브랜드자산 형성요인에 미치는 영향에 관한 연구. 마케팅연구, 17(3), 123-146.

최신철(1998). 스포츠마케팅이 기업 이미지에 미치는 영향에 관한 연구. 미간행 석사학위논문. 인하대학교대학원.

최창신, 이용식(1998). 기업의 측면에서 본 스포츠 스폰서십. 한국여가레크리에이션학회 학술세미나, 3, 47-66.

최희권(1999). 기업의 스포츠 마케팅 발전방안에 관한 연구. 미간행 석사학위논문. 광운대학교경영대학원.

태원규(2000). 자아개념·브랜드 이미지 일치성과 브랜드태도와의 관련성. 미간행 박사학위논문. 영남대학교대학원.

하대용(1998). 현대마케팅. 서울: 무역경영사.

한상훈(2001). 예술공연 스폰서십의 기업 이미지 개선 효과에 관한 연구. 미간행 석사학위논문. 서울대학교대학원.

홍식진(2001). 스포츠 이벤트 스폰서십이 기업 이미지 및 이벤트 태도에 미치는 영향에 관한 연구. 미간행 석사학위논문. 건국대학교대학원.

홍성태(1992). 소비자심리의 이해. 서울: 나남출판.

황찬규(1999). 대학생 프로야구 팬의 팀 충성도에 관한 연구. 미간행 석사학위논문. 연세대학교대학원.

130

Aaker, D. A. (1991). *Managing brand equity: Capitalizing on the value of a brand name.* New York, NY: The Free Press.

Aaker, D. A. (1996). Measuring brand equity across probuts and markets. *California Management Review, 38(3)*, 102-121.

Aaker, D. A., & Keller, K. L. (1990). Consumer evaluations of brand extension. *Journal of Marketing, 54(1)*, 27-41.

Aaker, J. L. (1999). The malleable self: The role of self-expression in persuasion. *Journal of Marketing Research, 36,* 45-59.

Abratt, R., & Grobler, P. S. (1989). The evaluation of sports sponsorship. *International Journal of Advertising, 8,* 351-362.

Allison, R. I., & Uhl, K. O. (1964). Influence of beer brand identification on taste perception. *Journal of Marketing Research, 1(Aug),* 36-39.

Alpert, F. H., & Michael, A. K. (1995). An empirical investigation of consumer memory, attitude and perception toword pioneer and follower brands. *Journal of Marketing, 59(4),* 34-45.

Amis, J., Pant, N., & Slack, T. (1997). Achieving a sustainable competitive advantage: A resource-based view of sport sponsorship. *Journal of Sport Management, 11(1),* 80-96.

Amold, D. (1992). *The handbook of brand management.* Addision-Wesley Publishing Company.

Arthur, D., Scott, D., & Woods, T. (1997). A conceptual model of the corporate decision-making process of sport sponsorship acquisition. *Journal of Sport Management, 11(3),* 223-233.

Assael, H. (1992). *Consumer behavior & Marketing action.* PWS-KENT, 614-623.

Assael, H. (1995). *Consumer behavior: Behind behavior and marketing action*(5th ed.). Boston, Massachusetts: Ken Publishing Company.

Berghel, H. (1996). Cybernautica cybercensus. [On-line]. Available: http://www.acm.org/~hlb/col-edit/cybernautica/jul-aug96/pcal.

Berrett, T., & Slack, T. (1999). An analysis of the influence of competitive and institutional pressures on corporate sponsorship decisions. *Journal of Sport Management, 13(2),* 114-138.

Batagelj, Z., & Vehovar, V. (1998). Technical and methodological issues in www surveys. AAPOR98, Software and Methods for Conduction Internet Surveys, St. Louis.

Bettman, J. R., Park, C. W. (1980). Effects of prior knowledge and experience and phase of the choice process on consumer decision processes as protocol analysis, *Journal of Consumer Research, 8,* 234-248.

Blattberg, R. C., & Kenneth, J. W. (1989). Price-induced patterns of competition. *Marketing Science, 8(Fall),* 291-309.

Bollen, K. A. (1989). Structural Equations with Latent Variables. New York: John Wiley & Sons.

Brooks, C. M. (1994). *Sports Marketing: Competitive business strategies for sports.* Englewood Cliffs, NJ: Prentice Hall.

Brooks, C. M. (1998). Celebrity athlete endorsement: An overview of the key theoretical issues. *Sport Marketing Quarterly, 7(2),* 34-44.

132

Charton, P. (1976). Ehrenberg, Anexperiment in brand choice. *Journal of Marketing Research, 3(Feb),* 152–160.

Cobb–Walgren, Cachy, J., Cynthia, A. R., & Naveen, D. (1995). Brand equity, brand preference, and purchase intent. *Journal of Advertising, 24(3),* 25–39.

Copeland, R., & Frisby, W. (1996). Understanding the sport sponsorship process from a corporate perspective. *Journal of Sport Management, 10(1),* 32–48.

Cox, A. D., & Dena, C. (1990). Competion on price: The role of retail price in shaping store–price image. *Journal of Retailing, 66(Winter),* 428–445.

Crompton, J. L. (1993). Sponsorship of sport by tobacco and alcohol companies: A review of the issues. *Journal of Sport and Social Issues, 17,* 148–167.

Cunningham, R. M. (1967). Brand loyalty–What, Where, How, Much? *Harvard Business Review, 34,* 116–128.

Danylchuk, K. E. (2000). Tobacco sponsorship: Spectator perceptions at an LPGA event. *Sport Marketing Quarterly, 9(2),* 103–111.

Decker, J. M. (1991). Seven steps to sponsorship. *Parks and Recreation, 26(12),* 45–49.

Dodds, W. B., & Grewal., D. (1991). Effect of price, brand, and store information on buyers product evaluations. *Journal of Marketing Research, 28(8),* 307–319.

Dodds, W. B., & Kent, B. M. (1985). The effect of brand and price information on subjective product evaluation. *Advances in Consumer Research, 12,* 85–90.

Donbi, D., & George, M. Z. (1990). In search of brand image: A foundation analysis. *Advances in Consumer Research, 17,* 110–118.

Dunn, S. W. (1961). *Advertising: Its role in modern marketing.* New York: Holt Rinehart and Winston Inc.

Engel, J. F., Roger, D. B., & Paul, W. M. (1986). *Consumer behavior* (5th ed.). New York: The Dryden Press.

Fennell, G. (1978). Consumer's perceptions of the product–use situation. *Journal of Marketing, 42(2),* 38–47.

Gardner, M. P., & Shuman, P. J. (1987). Sponsorship: An important component of the promotions mix. *Journal of Advertising, 16(19),* 11–17.

Garvin, D. A. (1983). Quality on the line. *Harvard Business Review, 61(September–October),* 65–73.

Garvin, D. A. (1987). Competing on the eight dimension of quality. *Harvard Business Review, 65,* 101–109.

Gray, D. P. (1996a). Anatomy of a sports sponsorship. *The 1996 International Sport Management Congress, Yonsei University, Seoul, Korea,* 13–23.

Gray, D. P. (1996b). *Sponsorship. Paper presented at the 1995 International Conference of Sports Science and Physical Education.* National Taiwan Normal University, Taipei, Taiwan.

Griffin, J. (1995). *Customer loyalty: How to earn it? How to keep it?* Lexington Book.

Grimes, E., & Meenaghan, T. (1998). Focusing commercial sponsorship on the internal corporate audience. *International Journal of Advertising, 17(1),* 51–74.

Hawkins, D., Best, R. J., & Coney, K. A. (1983). Consumer behavior: Implication for marketing strategy. Business Publication Inc.

Hindson, L. J. (1990). A clean bill of health for sport sponsorship? Survey of United States Olympic Committee member organizations Unpublished Doctoral Degree. Univ. of Iowa.

Hoffman, D. L., & Novak, T. P. (1998). Building consumer trust online. *Communication of the ACM, 42(4),* 80–85.

Horowitz, I. A., & Kaye, R. S. (1975). Perception and advertising. *Journal of Marketing Research, 15(3),* 15.

icles.html.

Irwin, R. L., & Sutton, W. A. (1994). Sport sponsorship objectives: An analysis of their relative importance for major corporate sponsors. *European Journal for Sport Marketing Quarterly, 1(2),* 93–101.

Jacoby, J. (1975). A brand loyalty concept: Comments on a comment. *Journal of Marketing Research, 12(4),* 484–486.

Jacoby, J., & Kyner, D. B. (1973). Brand loyalty vs repeat purchasing behavior. *Journal of marketing Research, 10(1),* 1–9.

Jain, A. K., & Etger, M. (1976). Measuring store image through multidimensional scaling of free response data. *Journal of Retailing, 52(4),* 23–24.

Javalgi. R. G., Traylor, M. B., Gross, A. C., & Lampman, E. (1994). Awareness of sponsorship and corporate image: An empirical investigation. *Journal of Advertising, 23(4),* 47–58.

Keller, K. L. (1993). Conceptualizing measuring and managing coustomer-based brand equity. 1-22.

Kirmani, A. (1990). The effect of perceived advertising costs on brand perceptions. *Journal of Consumer Research, 17(2)*, 160-171.

Kirmani, A. (1997). Advertising repetition as a signal of quality: If it's advertised so much, something must be wrong. *Journal of Advertising, 26(Fall)*, 77-87.

Kirmani, A., & Peter, W. (1989). Money talks: Perceived advertising expense and expected product quality. *Journal of Consumer Research, 16(3)*, 344-353.

Kotler, P. (1996). *Principle or marketing.* Engelwood Cliffs, NJ: Prentice-Hall.

Laroche, M., & Brisoux, J. E. (1989). Incorporating competition into consumer behavior models: The case of the attitude-intention relationship. *Journal of Economic Psychology, 10,* 343-362.

Laroche, M., Kim, C., & Zhou, L. (1996). Brand familiarity and confidence as determinants of purchase intention: An empirical test in a multiple brand context. *Journal of Business Research, 37,* 115-120.

Lipstein, B. (1988). The dynamics of brand loyalty and brand switching.

Lopeland, M. T. (1923). Relation of consumer's buying habit marketing methods. *Harvard Business Review, April,* 208-289.

Ludwig, S., & Karabetsos, J. D. (1999). Objectives and evaluation processed utilized by sponsors of the 1996 Olympic

Games. *Sport Marketing Quarterly, 8(1),* 11–19.

Lutz, R. (1986). Quality is as quality does: An attitudinal perspective on consumer quality judgments. *Presentation to the Marketing Science Institute Tructees' Meeting,* Cambridge, MA.

Lyer, R. (1996). The internet: A new opportunity for marketing research firms. [On–line]. Available: http://www.quirks.com/art

Marks, R. B. (1976). Operationalizing the concept of store image. *Journal of Retailing, 52(3),* 37–46.

Martineau, P. (1968). The personality of retail store. *Harvard business review,* 47–55.

Maslow, H. A. (1970). *Motivation and personality*(2nd ed.). New York, NY: Hrper & Row Publishers, Inc.

McCarville, R. E., & Copeland, R. P. (1994). Understanding sport sponsorship through exchange theory. *Journal of Sport Management, 8(2),* 102–114.

McCarville, R. E., Flood, C. M., & Froats, T. A. (1998). The effectiveness of selected promotions on spectator's assessments of a nonprofit sporting event sponsor. *Journal of Sport Management, 12(1),* 51–62.

McDanald, C. (1991). Sponsorship and the image of the sponsor. *European Journal of Marketing, 25(1),* 31–38.

McDaniel, S. R. (1997). An investigation of match–up effects in sponsor- ship advertising: The implications of consumer advertising schemas. *American Marketing Association's Winter Educator's Conference, St.* Petersburg, FL.

Meenaghan, J. (1984). *Commercial sponsorship.* West Yorkshire, England: MCB University Press.

Meenaghan, T. (1991). Sponsorship–legitimising the medium. *European Journal of Marketing, 25(1)*, 5–10.

Meenaghan, T. (1993). Commercial sponsorship. *European Journal of Marketing, 17(7)*, 5–73.

Monroe, K. B. (1990). *Pricing: Making Profitable Decisions.* McGraw–Hill Inc.

Mullin, B. J., hardy, S., & Sutton, W. A. (1993). *Sport Marketing.* Chmpaign, IL: Human Kinetics.

Myers, J. H., & Allan, D. S. (1981). The nature of Product–Related Attributes. *in Research in Marketing,* 5. Jagdish Sheth, ed., Greenwich, CT: JAI Press, Inc., 211–236.

Necunga, P. (1990). Recall and consumer consideration sets influencing choice without altering brand evaluations, *Journal of Consumer Research, 17(3)*, 263–276.

Olshavsky, R. W. (1985). *Perceived quality in consumer decision making: An integrated theoretical perspective.* in Perceived Quality, J. Jacoby and J. Olson, eds. Lexington, MA: Lexington Books, 3–29.

Parasurman, A., Valarie, A. Z., & Leonard, B. (1985). A conceptual model of service quality and its implications for future research,. *Journal of Marketing, 49(4)*, 41–50.

Park, C. W., & Young, S. M. (1985). Types and lever of involvement and brand attitude formation. *Advances in Consumer Research, 9*, 320–324.

138

Park, C. W., Jaworski, B. J., & MacInnis, D. J. (1986). Strategic brand concept-image management. *Journal of Marketing, 50(4)*, 135-145.

Pasouier, J. E. (1987). Sports marketing. *Business Week, Aug,* 48-53.

Plummer, J. T. (1985). How personality makes a difference. *Journal of Advertising Research, 24(December)*, 27-31.

Pope, N. K. L., & Voges, K. E. (1994). Sponsorship evaluation: Does it match the motive and the mechanism. *Sport Marketing Quarterly, 3(4),* 37-45.

Quester, P., & Farrelly, F. (1998). Brand association and memory decay effects of sponsorship: The case of the Australian Formula One Frand Prix. *Journal of Product & Brand Management, 7(6),* 539-556.

Rao, K., & Monroe, B. (1989). The effect of price, brand name, and store name on buyers perceptions of product quality: An integrative review. *Journal of Marketing Research, 26(8),* 351-357.

Reynolds, T. J., & Gutman, J. (1984). Advertising is image management. *Journal of Advertising Research, 24(1),* 27-38.

Richardson, A. J., K. & Dick, A. (1996). Household store brand proneness: A framework. *Journal of Retailing, 72(2),* 159-185.

Runyon, K. E., Stewart, D. W., & Mowen, D. W. (1987). Consumer behavior. *Mwrril Publishing Company,* 130-148.

Russel, A. (1989). Sports Marketing. *Journal of Advertising Research, July/August,* 30.

Sandler, D. M., & Shahi, D. (1989). Olympic sponsorship vs. Ambush marketing: Who gets the gold? *Journal of Advertising Research, 29(4), 9–14.*

Sandler, D. M., & Shani, D. (1993). Sponsorship and the Olympic games: The consumer perspective. *Sport Marketing Quarterly, 2(3),* 38–43.

Schiffman, L. G., & Kanuk, L. L. (1994). *Consumer behavior.* Englewood Cliffs, NJ: Prentice–Hall Inc.

Schlossberg, H. (1996). *Sports marketing.* Oxford, UK: Blackwell Publishers Ltd.

Scott, D. R., & Suchard, H. T. (1992). Motivations for Australian expenditure on sponsorship: An analysis. *International Journal of Advertising, 11,* 325–332.

Shani, D., & Sandler, D. (1989). Olympic sponsorship versus ambush marketing. *Journal of Advertising Research, 20(4),* 11–18.

Shanklin, W. L., & Kuzma, J. R. (1992). Buying that sporting image. *Marketing Management, Spring,* 59–67.

Sirgy, M. J. (1985). Using self–congruity and ideal congruity to predict purchase motivation. *Journal of Business Research, 13(June),* 195–206.

Sirgy, M. J., Dhruv, G., Tamara, F. M., Park, H. O., Chon, K. S., Claiborne, C. B., Johar, J. S., & Harold, B. (1997). Assessing the predictive validity of two methods of measuring self–image congruence. *Journal of the Academy of Marketing Science, 3,* 229–241.

Sleight, S. (1989). *Sponsorship: What is and how to use it.* London: McGraw–Hill.

Solomon. M. B. (1995). Marketing research in cyberspace. [On-line]. Available: http://www.cyberdialogue.com/press/articles/prent.

Stipp, H. (1998). The impact of Olympic sponsorship on conporate image. *International Journal of Advertising, 17(1)*, 75-87.

Stipp, H., & Schiavone, N. P. (1996). Modeling the impact of Olympic on corporate image. *Journal of Advertising Research*, 36(4), 22-28.

Stotlar, D. K. (1993). Sponsorship and the Olympic winter Games. *Sport Marketing Quarterly, 2(1)*, 35-43.

Stotlar, D. K. (1999). Professional sport sponsorship: *Trends in North America. The 1999 International Sport Management Congress.* KSSM. 43-63.

Stotlar, D. K., Veltri, R. F., & Viswanathan, R. (1998). Recognition of Athlete-Endorsed Spots Product. *Sport Marketing Quarterly, 7(1)*, 48-58.

Sujan, M. (1985). Consumer knowledge effects on evaluation strategies mediating consumer judgement. *Journal of Consumer Research, 12(6)*, 31-45.

Suresh, D. (1993). *Measuring brand loyalty with structural dependence model: An investigation of some issues.* Unpublished Dootoral Degree., The University of Iowa.

Tarpey, L. X. (1974). A brand loyalty concept: A comments. *Journal of Marketing, 11(May)*, 214-217.

Tarpey, L. X. (1975). Brand loyalty revisited: A commentary. *Journal of Marketing Research, Nov*, 491.

Turco, D. M. (1996). The effect of court side advertising on product recognition and attitude change. *Sport Marketing Quarterly, 5(4),* 11–15.

Watt, J. (1997). Using the internet for quantitative survey research. [On-line].

Available:http://www.quirks.com/articoes/articoe_print.asp?

arg_articleid=248.

Zeithaml, V. A. (1988). Consumer perceptions of price, quality, and value: A mean–end model and synthesis of evidence. *Journal of Marketing, 52(July),* 2–22.

웹 설문지 부록

문항 - Microsoft Internet Explorer

파일(F) 편집(E) 보기(V) 즐겨찾기(A) 도구(T) 도움말(H)

주소(D) D:\연구실\study-i\research-5\4-2.htm

연결 광고연구 COMPUTER100,CO,KR 코덱 삼성 - 스포츠 KNP CD 레코딩

2002 FIFA 한.일월드컵 공식파트너의 참여효과에 대한 내용입니다.

문 항	코카콜라					현대자동차				
	전혀 아니다				매우 그렇다	전혀 아니다				매우 그렇다
◈ 월드컵 공식파트너에 참여하는 코카콜라(현대자동차)는 호감이 간다.	○	○	○	○	○	○	○	○	○	○
◈ 월드컵 공식파트너에 참여하는 코카콜라(현대자동차)는 친근감이 있다.	○	○	○	○	○	○	○	○	○	○
◈ 월드컵 공식파트너에 참여하는 코카콜라(현대자동차)는 대중들에게 신뢰를 준다.	○	○	○	○	○	○	○	○	○	○
◈ 월드컵 공식파트너에 참여하는 코카콜라(현대자동차)는 대중들로부터 좋은 평판을 얻을 수 있다.	○	○	○	○	○	○	○	○	○	○
◈ 월드컵 공식파트너에 참여하는 코카콜라(현대자동차)는 대중들에게 좋은 이미지를 준다.	○	○	○	○	○	○	○	○	○	○

다음

완료 내 컴퓨터

문항 - Microsoft Internet Explorer

파일(F) 편집(E) 보기(V) 즐겨찾기(A) 도구(T) 도움말(H)

주소(D) D:\연구실\study-i\research-5\4-3.htm

연결 광고연구 COMPUTER100,CO,KR 코덱 삼성 - 스포츠 KNP CD 레코딩

2002 FIFA 한.일월드컵 공식파트너의 참여효과에 대한 내용입니다.

문 항	코카콜라					현대자동차				
	전혀 아니다				매우 그렇다	전혀 아니다				매우 그렇다
◈ 월드컵 공식파트너인 코카콜라(현대자동차)는 월드컵대회의 질적인 향상에 도움을 준다.	○	○	○	○	○	○	○	○	○	○
◈ 월드컵 공식파트너인 코카콜라(현대자동차)는 축구 팬 확보에 도움을 준다.	○	○	○	○	○	○	○	○	○	○
◈ 월드컵공식파트너인 코카콜라(현대자동차)는 월드컵대회에 관중서비스 질을 높여준다.	○	○	○	○	○	○	○	○	○	○
◈ 월드컵공식파트너인 코카콜라(현대자동차)는 월드컵대회의 성공적인 개최에 도움을 준다.	○	○	○	○	○	○	○	○	○	○

다음

완료 내 컴퓨터

문항 - Microsoft Internet Explorer

파일(F) 편집(E) 보기(V) 즐겨찾기(A) 도구(T) 도움말(H)

뒤로 ▾ 앞으로 ▾ 정지 새로고침 홈 검색 즐겨찾기 미디어 히스토리 메일 인쇄 편집 토론

주소(D) D:\연구실\study-i\research-5\6.htm 이동

연결 광고연구 COMPUTER100.CO.KR 코덱 삼성 - 스포츠 KNP CD 레코딩

2002 FIFA 한.일월드컵 공식파트너의 제품품질에 관한 내용입니다.

문 항	코카콜라					현대자동차				
	전혀 아니다				매우 그렇다	전혀 아니다				매우 그렇다
코카콜라(현대자동차)는 품질이 좋다고 생각한다.	○	○	○	○	○	○	○	○	○	○
코카콜라(현대자동차)의 품질은 믿을 만하다고 생각한다.	○	○	○	○	○	○	○	○	○	○
코카콜라(현대자동차)는 품질이 나쁘다고 생각한다.	○	○	○	○	○	○	○	○	○	○
다른 브랜드와 비교할 때, 코카콜라(현대자동차)는 품질이 양호하다고 생각한다.	○	○	○	○	○	○	○	○	○	○
기대한 것 보다 코카콜라(현대자동차)는 품질이 좋다고 생각한다.	○	○	○	○	○	○	○	○	○	○

다음

완료   내 컴퓨터

문항 - Microsoft Internet Explorer

파일(F) 편집(E) 보기(V) 즐겨찾기(A) 도구(T) 도움말(H)

뒤로 ▾ 앞으로 ▾ 정지 새로고침 홈 검색 즐겨찾기 미디어 히스토리 메일 인쇄 편집 토론

주소(D) D:\연구실\study-i\research-5\5.htm 이동

연결 광고연구 COMPUTER100.CO.KR 코덱 삼성 - 스포츠 KNP CD 레코딩

2002 FIFA 한.일월드컵 공식파트너의 인지도에 관한 내용입니다.

문 항	코카콜라					현대자동차				
	전혀 아니다				매우 그렇다	전혀 아니다				매우 그렇다
나는 코카콜라(현대자동차)의 고유한 심볼마크(로고) 등을 쉽게 기억해 낼 수 있다.	○	○	○	○	○	○	○	○	○	○
나는 코카콜라(현대자동차)의 가격대가 어느 정도 인지 알고 있다.	○	○	○	○	○	○	○	○	○	○
나는 코카콜라(현대자동차)의 스타일이나 디자인을 다른 제품과 구별할 수 있다.	○	○	○	○	○	○	○	○	○	○
나는 코카콜라(현대자동차)의 심볼이나 로고를 알고 있다.	○	○	○	○	○	○	○	○	○	○

다음

완료   내 컴퓨터

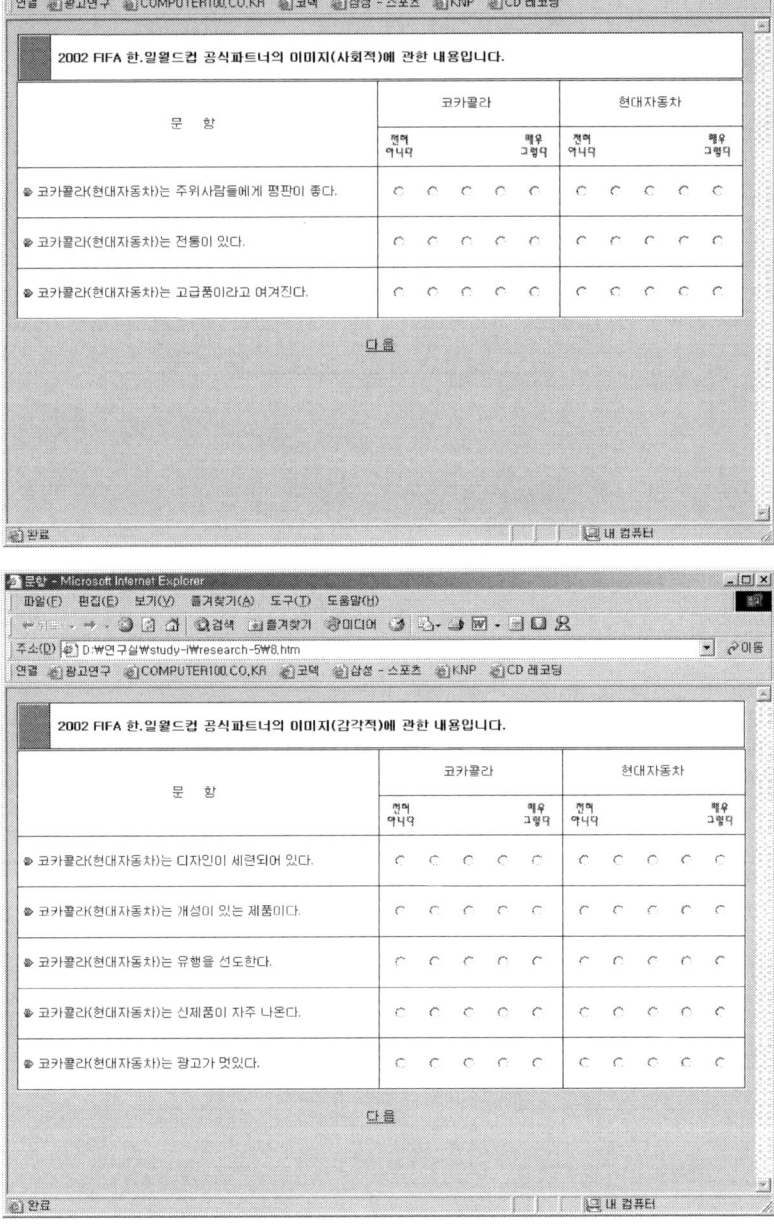

문항 - Microsoft Internet Explorer

파일(F) 편집(E) 보기(V) 즐겨찾기(A) 도구(T) 도움말(H)

주소(D) D:\연구실\study-i\research-5\9.htm

연결 광고연구 COMPUTER100.CO.KR 코텍 삼성 - 스포츠 KNP CD 레코딩

2002 FIFA 한.일월드컵 공식파트너에 대한 내용입니다.

문 항	코카콜라					현대자동차				
	전혀 아니다				매우 그렇다	전혀 아니다				매우 그렇다
▶ 나는 코카콜라(현대자동차)를 매우 좋아한다.	○	○	○	○	○	○	○	○	○	○
▶ 다른 브랜드와 품질 차이가 없다면 코카콜라(현대자동차) 를 더 선호 할 것이다.	○	○	○	○	○	○	○	○	○	○
▶ 나는 코카콜라(현대자동차)를 구매한 경험이 있는데, 앞으로도 계속해서 코카콜라를 구매하고 싶다.	○	○	○	○	○	○	○	○	○	○
▶ 다른 브랜드와 품질이 동일하다면 나는 코카콜라(현대자동차)를 구매할 것이다.	○	○	○	○	○	○	○	○	○	○
▶ 나는 코카콜라(현대자동차)를 타 브랜드에 비해 자주 구매한다.	○	○	○	○	○	○	○	○	○	○

다음

완료   내 컴퓨터

귀하의 월드컵에 대한 관심도에 대한 내용입니다 - Microsoft Internet Explorer

파일(F) 편집(E) 보기(V) 즐겨찾기(A) 도구(T) 도움말(H)

주소(D) D:\연구실\study-i\research-5\10.htm

연결 광고연구 COMPUTER100.CO.KR 코텍 삼성 - 스포츠 KNP CD 레코딩

귀하의 신상에 관한 몇가지 질문입니다.

▶ 귀하의 성은 무엇입니까?	○ 남 ○ 여
▶ 귀하의 연령은 얼마나 됩니까? (숫자만 직접 적어주세요)	[＿＿＿] 세

▶ 귀하의 직업은 무엇입니까?

○ 대학생(전문대 포함) ○ 직장인 ○ 자영업 ○ 무직(은퇴) ○ 전업 주부 ○ 기타

확인

완료   내 컴퓨터

◈ **저자** ◈

● **고동우**(高東佑)

· **약 력** ·
단국대학교 사범대학 체육교육과 졸업
단국대학교 대학원 체육학과 석사
단국대학교 대학원 체육학과 이학박사
대덕대학 사회체육학과 겸임교수
한국스포츠 산업·경영학회 이사
한국수상안전협회 경기지부회장
부산광역시 체육회 스키코치

· **주요 논저** ·
『오픈 워터 스킨 스쿠바 다이빙』
「프로축구 팀동일시와 신념·태도·의도 위계모델의 관계」
「2002 한·일 월드컵 스폰서십활동과 지각된품질, 브랜드인지도,
브랜드이미지 및 브랜드충성도의 인과관계」
「인라인마라톤대회 타이틀 스폰서제품의 브랜드신념과 브랜드
태도가 구매행도에 미치는 영향」
외 다수

2002 한·일 월드컵 스폰서십 활동과 브랜드 충성도

· 초판 인쇄 | 2005년 10월 5일
· 초판 발행 | 2005년 10월 10일

· 지 은 이 | 고동우
· 펴 낸 이 | 채종준
· 펴 낸 곳 | 한국학술정보㈜
경기도 파주시 교하읍 문발리
파주출판문화정보산업단지 526-2
전화 031) 908-3181(대표) · 팩스 031) 908-3189
홈페이지 http://www.kstudy.com
e-mail(e-Book사업부) ebook@kstudy.com

· 등 록 | 제일산-115호(2000. 6. 19)
· 가 격 | 9,000원

ISBN   89-534-3494-7 93320 (paper book)
          89-534-3495-5 98320 (e-book)